图1

图 2

图 3

图 4

图 5

图 6

图 7

图 8

（图 1～图 8）1939—1940 年的青岛湾

青岛老建筑之旅

袁宾久

编著

中国海洋大学出版社

· 青岛 ·

国务院对《青岛市城市总体规划（2011—2020年）》的批复中，强调要"重视历史文化和风貌特色保护"。青岛，曾是胶州湾东南岸上的一座小渔村（青岛村），据考证已有约600年历史。当地村民按照祖辈传统，根据自然条件建造房屋，住宅的布局和建造遵循"北为尊，两厢次之，倒座为宾"的原则，代代相传，没有大的改变。村落布局遵循"先来后到，择优而居"的法则，自然形成。到明万历年间，朝廷开放海禁，青岛湾遂成为一个天然的港口——青岛口。当时的青岛村因港口而出现商业繁荣景象，并逐渐发展为乡镇。然而，青岛作为一个城市出现则是在德国殖民者占领胶州湾以后。

1898年，随着不平等的《胶澳租借条约》签订，青岛沦为德国的殖民地。在其后的半个世纪里，青岛的城市发展经历了德租、日占、国民政府等主要时期。其中，德国租借地时期（1898—1914）是青岛城市的形成期，出现了城市建筑发展的第一次高潮期。国民政府第一次统治时期（1929—1938），城市发展形成第二次高潮期。

随着社会背景、文化与思潮变迁以及技术与材料进步，城市建筑呈现出斑斓多姿的形式。20世纪初，青岛城市盛行德国文艺复兴建筑与时尚的"青年风格派"装饰、中式传统建筑交织并行；20年代流行欧洲折中主义和仿英式的建筑样式；30年代出现中国传统复兴、西方折中主义、"装饰艺术"和"国际式"建筑。青岛城市的发展历程清晰展现出舶来文化与本土建筑文化冲突碰撞、交流融合的发展过程，交织着科学性与民族性的建筑价值观。城市建筑承载着多种政治背景下社会更替发展的踪迹，呈现出多种文化系统的交叉影响。

　　袁宾久先生长期致力于青岛历史与城区建筑史料的挖掘和研究，积累了大量的资料。背着相机进行田野调查，也已成为他的一种生活方式。《青岛老建筑之旅》面向城市历史研究者、旅行群体、城乡大众，以鲜活的史料将建筑解读出来，使人耳目一新，可以让来青岛做研究调查以及前来旅行的人们，在观赏城市自然景观的同时，更深层地了解城市历史与文化。

徐飞鹏

目录

D 从栈桥到圣保罗教堂

E 从栈桥到胶澳总督官邸旧址

青岛老建筑之旅总路线图

B

栈桥

H

A

栈桥鸟瞰

青岛自建置至今仅有百余年的历史。在这座年轻城市的老城区里呈现最多的是异国建筑风貌。这些建筑镌刻着深深的历史痕迹，是这座城市发展的见证，记录着城市的发展轨迹。

青岛位于胶州湾（胶澳）东岸，由东至北，环山蔽海，是扼守胶州湾出入口之要地。清末，在丘陵地形的半岛上沿海岸分布着青岛村上庄、下庄、大鲍岛村、会前村等几个自然村落，村民或农或渔。处于青岛湾内的青岛口位于下庄附近，当时已是港口，商贾往来频繁，渔航各船云集，"有市有关"（口岸贸易集市、清东海关分关）。

1886 年 3 月 13 日和 7 月 9 日，出使德国大臣许景澄与陕西道监察御史朱一新分别上奏："山东之胶州湾宜及时相度为海军屯埠也"，"宜建胶州为重镇"，陈举了胶澳在军事方面的重要性。

1897 年，位于青岛口、德军占领后的总兵衙门（老衙门）和左营（图中右侧围墙与建筑）

1886 年 7 月，又有"管理鱼雷营刘道含芳带兵轮前往勘测量"。直至 1891 年 6 月 13 日，李鸿章与山东巡抚张曜至胶州湾实地察看后认为"胶澳设防实为要图"。再次上奏后，清廷决定在胶澳设防，并于 1891 年 6 月 14 日明发上谕："拟在胶州、烟台各海口添筑炮台等语，著照所请。"此为青岛建置的肇始。

1892 年 8 月，登州镇总兵章高元受命守防胶澳，率广武军和嵩武军各两营共约 2 000 人的步、骑军和炮队进驻，以胶州湾东岸的青岛村为中心，布置建造兵营、炮台等军事设施。

随着清军的进驻，青岛拉开了海防建设的帷幕，陆、海防军事设施相继诞生和逐步完备，青岛历史上首次开展了有规划的海

防要塞建设。青岛山下青岛村中的各色商号，也随着清军人马、家眷的涌入而相继开张，天后宫里的香火也比以往更旺，久设于此的东海关常关也热闹起来。至 1897 年 11 月，沿海岸修筑了面向黄海的炮台、夯土防御墙、水雷营铁码头、水雷营营房；于海岸之后建造了总兵衙门（内设电报房）、左营营房（德军称为衙门营）和边长约为 120 米的炮队营、骧武前营、嵩武中营、广武前营共 6 座营房，以及训练场、火药库等军事设施。

鸦片战争后，帝国主义竞相瓜分中国。在第二次鸦片战争（1856—1860）结束后，普鲁士也想分一杯羹。1868—1872 年，地理学家费迪南德·冯·李希霍芬在中国进行了 7 次"旅行"，

1899 年 10 月拆除前的青岛村上庄

对中国的 13 个省进行了考察，并建议在胶州湾建立港口和殖民地城市，从而唤起了德国对胶州湾的注意。

1896 年夏天，德国东亚巡洋舰分舰队司令阿尔弗莱德·蒂尔匹茨亲自考察了胶州湾，随后也建议在胶州湾建港。德皇威廉二世批准了这个建议，并下令制订一个军事占领计划，又在 1897 年初选派港口建设专家格奥尔格·弗朗西斯再度进行实地勘察。

1897 年 11 月 1 日，在山东曹州巨野县发生了两名德国传教士被杀事件，史称"巨野教案"。这一事件使觊觎胶州湾已久的德国得到了借口。德国立即派驻上海的巡洋舰分舰队司令、海军少将棣德利（Admiral Otto von Diederichs）率领"皇帝"号、"威廉亲王"号和"鸬鹚"号 3 艘军舰奔赴青岛。

1897 年 11 月 14 日早 7 时，德国海军巡洋舰分舰队的 30 名军官、77 名军士和 610 名士兵，"在极好的天气、微微的东风和晴空之下，登陆部队登上了栈桥并布置在营房前的广场上"。随即按计划，"在占领所有控制兵营和弹药库的位置并切断电报线路后，要求衙门中的总兵将其部队撤离和退出（青岛）"。德军以武力威逼，强令清军在3个小时内撤离到15千米以外的沧口一带，占领了青岛。

1898年3月6日，德国迫使清政府签订了租借青岛及胶州湾一带551平方千米、租期为99年的《胶澳租借条约》，并获得青岛至济南430千米及张店至博山支线的铁路铺设权和沿线矿山开采权。

德租青岛后，迅即开始了海陆测绘和制定城市规划。测绘工作在马尔克尔上尉的带领下于1898年冬基本完成。

1898年9月2日，青岛的第一份建设规划公布。《德国青岛地区购地条例》，即"土地法规"，也在同日颁布。规划将城市分为两部分：一是"欧洲人居住区"，中国人虽可以购买土地和进行建设，却不得在此居住；二是"中国人居住区"，建在城市以北的中国村庄大鲍岛村周围。而港口和其他工厂企业建在城市的西北部。青岛老城区的城市格局由此形成。

1898年10月11日，《建筑公安条例》，即"建筑法规"，颁布生效。在随后的16年中，青岛陆续出现了德国式样的建筑，青岛的城市化建设时期也由此发端，这也是青岛历史上第一次城市建筑的高潮期。欧人区临街房屋的正面高度限于18米、华人区的住房不能高于两层的规定，奠定了青岛老城区的基本风貌。

1898年3月至1914年11月近17年间，德国在青岛建造了

1908—1909 年青岛湾全貌

官邸、总督府、教堂、法院、银行、医院、观象台、啤酒厂、屠宰场、港口、船厂、铁路以及海防、陆防炮台等一系列建筑。一套完整的城市建设体系被占领者引入青岛。

随着1911年清王朝的分崩离析，青岛的欧洲人街区开始接纳逃亡来青的逊清官员和富足的中国商人，华人、欧人分区居住的规定随即松动并最终被取消。在德式风格的建筑群落中陆续出现了中西结合式的商住建筑。

1914年8月，第一次世界大战爆发，战争的硝烟在欧洲升起，此时的德国已无力顾及远离本土的青岛，这给了对青岛垂涎已久的日本难得的可乘之机。日本政府依据英日同盟协定，对德宣战。1914年8月23日，日英联军包围了青岛，至11月7日，经过了81天的激烈攻防战后，日本取代德国，第一次占领了青岛。1916年，随着新的城市规划方案的确定，青岛市区内也出现了

第一批由日本人建造的建筑。

　　1919 年"五四"运动爆发后，中国一致要求收回青岛的主权。1922 年 12 月 10 日，中国代表王正廷、熊炳琦与青岛日本守备军司令由比光卫、青岛民政长官秋山雅之介举行移交仪式，正式接收青岛。之后，北洋政府将青岛辟为胶澳商埠。

　　青岛在 1929—1938 年的民国时期又进行了一次大规模的城市建设，这也是城市建筑的又一个高潮期。在这一期间，重修了青岛栈桥并建造了回澜阁、体育场、青岛船坞、海滨公园、水族馆、花石楼以及八大关别墅区等诸多建筑。

　　1937 年 7 月 7 日，卢沟桥事变爆发，日本大举入侵华北，开始了全面侵华战争。1938 年 1 月 10 日，日本海军由青岛东部的山东头登陆，再次占领了青岛。日本在先后两次对青岛进行的各为期 8 年的占领中，建造了医院、银行、洋行、灯塔、学校等建筑以及聊城路、小鲍岛等日侨居住区和北部工业区。

1945年8月，抗日战争胜利，国民政府接收青岛并进行了短暂统治。1949年6月2日，青岛解放并进入了一个新的时代。

早在1913年，《香港每日新闻》就曾对青岛有如下报道："从海上眺望青岛，只见其坐落在一片旖旎风光之中。其建筑整齐美观。重重红色屋顶跃动于层层翠绿之中，令人心旷神怡。"

如果说建筑是凝固的音乐，那么青岛的老建筑便是一组交响乐。它赋予青岛浓厚的艺术气息，承载着青岛曲折的历史。正是因为有了这些保存完好的老房子、老街道，这个仅有百余年历史的城市才呈现出处处见历史、处处有艺术的特色。中外无数历史与建筑艺术爱好者的目光也因此被吸引。

在青岛为数众多的历史建筑中，长卧于青岛湾中的栈桥因其特殊地位无可替代。栈桥建造于青岛肇始之初，与城市同龄。在青岛早期的本土建筑全都隐退于历史舞台的帷幕之后时，它是唯一存留的物化体。它见证了青岛的历史与发展，见证了青岛的沧桑与繁荣。一座连接陆与海的"桥"，也连接着青岛的过去、现在与未来。"长虹远引""飞阁回澜"，栈桥与回澜阁早已成为青岛的标志。

1904年，青岛历史上的第一本导游手册——《青岛及其周边旅游指南》第一版出版，作者是身为法官和摄影师的德国人弗里德里希·贝麦（Dr. Fr. Behme）。自第一版之后至1910年，该书共以多种文字再版了三次。书中刊载的部分内容以栈桥为起点，以专业的摄影手法和翔实的文字对青岛的城市风貌、风土人情进行了记录。

　　潮起长桥，倚栏听涛。今天，让我们仍从栈桥开始，对青岛约120处具有代表性的历史建筑，展开一次生动别样的"青岛老建筑之旅"。

栈桥

地址： 太平路 10 号

曾用途： 清军水雷营（陆岸部分）、清军水 雷营码头（桥体部分）

现用途： 公园

建造时间： 1892—1893 年始建，1931—1933 年、1984—1985 年两次改建

回澜惊涛

位于青岛湾中的栈桥，与小青岛隔水相望，是青岛的标志性景观之一、省级文物保护单位、1982 年国务院首批公布的国家级风景名胜区、首批国家级ＡＡＡＡ旅游景区，青岛的象征和标志。

　　栈桥长 440 米，宽 8 ~ 11.5 米，由北部的石砌引堤、中部的透空桥和南部三角形岛堤及其上部的回澜阁组成。

　　栈桥原为一座钢、木、石结构的突堤式码头，由清末驻防青岛的清军为其水雷营所建，时称"大铁码头"。

　　据《清史稿·兵志九》，1894 年 5 月 29 日直隶总督李鸿章、帮办海军正白旗汉军都统定安《校阅海军竣事折》和李鸿章《烟台胶澳添设水雷片》等史料记载，1881—1897 年，在清北洋海军进行的海防建设中，与购置外国军舰同时进行的还有在中国北方沿海各要隘海口进行的船厂、船坞、码头、炮台、子药库、屯煤所等多地多处的与舰船驻泊、上煤、装弹等相配套的军事设施建设。

　　清北洋水师建造的水雷营和配套码头，最早的为 1881 年 9 月在大沽口设立的水雷学堂及水雷营，其后依次是同年建造的旅顺口鱼雷局与水雷营及其码头、1884 年设立的营口水雷营、1887 年建造的大连湾柳树屯水雷营海军铁码头、1890 年增建的

旅顺船厂铁码头、1891 年建造的威海刘公岛铁码头、威海水雷营及其海军码头。

最后一座，也是唯一一座没有按计划完工的铁码头便是这座始建于 1892—1893 年、停滞于 1897 年 11 月 14 日、设在青岛口的水雷营铁码头。

1894 年 5 月 29 日，李鸿章、定安合奏："至胶州澳口……登州镇总兵章高元承办各台（炮台）基址已具……道员龚照玛又于青岛前建设大铁码头一座，现拟于铁码头后建造水雷营紧扼口门。"李鸿章又奏"现办烟台、胶州两海口防务，事同一律，宜各设水雷兵介一营，各制下雷轮船　艘"。

青岛水雷营位于今栈桥后部陆岸之上，建有营墙、库房等建筑，营门连接着铁码头。建造工程由时任总办旅顺船坞工程、会办北洋沿海水陆营务处龚照玛督造。铁码头（栈桥前身）因地质条件所限，接岸礁石一段以石砌为引堤，水中沙泥一段施以钢制透空桥。所使用的架桥钢材均来自始建于 1883 年的旅顺船厂，工程也由旅顺船厂的中国技术人员承担。

1894 年 7 月 25 日，中日甲午战争爆发。因驻防青岛的清军驰援辽东战场，致使青岛的在建工程停滞。待战争结束后，铁码头虽可以续建，但在清廷向日本支付了相当于日本当时全国年度财政收入 6.4 倍、总计约合 3.4 亿两库平银的战争赔款后，国库已是捉襟见肘，再加之水工工程受潮汐、季节、天气等条件的限制，

上图——1881 年建造的旅顺口水雷营码头
中图——1887 年建造的大连湾柳树屯水雷营海军铁码头
下图——1891 年建造的威海刘公岛铁码头

1898 年 5 月，施工中的铁码头和铁码头上列队迎接海因里希亲王的德国海军

致使铁码头建造工程进展缓慢。

清廷在痛失旅顺和威海两大北洋海军基地后，曾拟于 1898 年春季在胶澳（青岛）予以重建，但这一计划还未经实施即被曾在甲午战争结束后参与"三国（俄、德、法）干涉还辽"的"友邦"德国打断，大清的重建北洋海军基地的计划也终成梦想。

1897 年 11 月 14 日晨，德军从铁码头登陆。11 时 30 分，清军的龙旗军旗被迫降下，大约 2 000 名清军士兵撤离了青岛。14 时过后，军事占领行动以在兵营升起德国军旗和"威廉亲王"号巡洋舰上鸣放的 21 响礼炮声中宣告结束。此时，营门直通铁码头的水雷营业已建成，铁码头虽已建至 350 米处，但仍未完工。

据《胶澳租借始末电存》记载："1897 年 11 月 18 日，旅顺顾仲翁鉴：码头工已停。彼军近扎沧口附近。刘蔼翁赴烟回旅，一切细情当可面述。元。印。"随着清军的撤退，实施铁码头建造的相关人员也相继撤离。铁码头建造工程不得不中途停止，半途而废。

按照之前清军其他几座铁码头的做法，青岛铁码头应与其他铁码头一样同为丁字形。德国占领青岛后之所以没有再继续加长或者完成剩余部分的建造，可能是因为清廷停止了提供材料，也或许是德国在调查勘测中发现，此海区因水浅浪大，不适宜围海筑港而终止。

因铁码头是清军为吃水较浅的下雷船装填燃煤和水雷而建造，钢制透空桥上仅铺设了木板。因桥体承重量小，桥头最深处吃水又不足 2 米，所以除德军的舰载小艇外其他舰船均不能靠泊，大型物资也不能在此装卸。德军出于应急的需要，拆除了水雷营营墙等小型建筑，并对铁码头进行了加固，在钢制桥墩外侧加装了护木，桥面接装了轻轨，最终形成了一座 28 孔透空桥码头。为便于人员登岸，于 1900 年，又在青岛湾东侧建造了另一座 5 孔的"衙门桥"。

德军在加固铁码头的同时，也在勘探和筹划深水港的建设。1901 年，在胶州湾东岸的大鲍岛湾首先建成了中等水深的小港，并在其北岸建造了"大鲍岛码头"； 1904 年，在小港北部的女儿礁附近建成了俗称为"大码头"的深水港大港。从此，铁码头的卸泊功能逐渐减弱。

1898 年，德军在对小港的规划中，在其南岸预留出了后来称作"水雷库"的德军水雷营驻地，并最终于 1907—1908 年建成。同样，这处水雷营也建有一座丁字形铁码头，以供德军的鱼水雷艇靠泊、上煤、装卸弹药等使用。

Tsingtau von der Tsingtau-Brücke aus gesehen

上图——1911 年后的栈桥
下图——1933 年回澜阁建成后的栈桥

1914 年 11 月 7 日，日本取代德国侵占青岛。从这一时期之后的各类图文中，"栈桥"一名公开出现。

20 世纪 30 年代初，栈桥一带辟为"栈桥公园"。1931 年 5 月，栈桥还曾作为"本港检疫及前海船舶唯一登陆处"使用。栈桥的钢制桥墩在经过了近 40 年的海水侵蚀后锈蚀严重，时任青岛市市长胡若愚决定对栈桥进行维修改造。改建工程由信利洋行施工，工程师弗里德里希·施诺克设计，于 1931 年 8 月 20 日开始，将栈桥的钢制部分拆除，改建成了长 145.92 米，34 组墩柱、35 孔的钢筋混合土透空栈桥，并在其南端增筑三角形岛堤和八角重檐攒尖绿琉璃瓦屋面回澜阁。工程于 1933 年 5 月沈鸿烈任青岛市市长期间竣工。同年 7 月 1 日，举行了重修竣工落成礼，并刻碑纪念。

据资料显示，在 1938 年日本第二次占领青岛之后有过更换碑文的计划，但最终如何实施不得而知，致使今日的回澜阁内仍存留着一块无字碑。

1935 年，青岛市工务局曾计划在栈桥与中山路接壤处，修建栈桥公园入口大门。建设项目包括，于栈桥外端中轴线上设立一座高 8.35 米、宽 10.3 米、面阔三间的栈桥公园花牌楼，于海岸处桥头两侧各设立一座纪念亭，于栈桥西侧修建花园。但不知何故，这座带有斗拱和鸱吻的漂亮花牌楼和桥头堡式的纪念亭以及花园均未实施，仅停留在了图纸上。

1936 年，栈桥之"飞阁回澜"在"青岛十景"评选中名列榜首。使其逐步成为青岛的象征、地标建筑和日后众多青岛当地产品的

商标。

1949 年 6 月 2 日青岛解放。青岛市委市政府多次拨款对栈桥、回澜阁及栈桥公园进行修缮和美化。20 世纪 80 年代，因年久失修，栈桥再次进行了大修。根据"在大修中基本保持原貌不变"的原则，于 1984 年 11 月 5 日至 1985 年 4 月 28 日，对引堤及回澜阁进行了局部维修，对栈桥透空部分进行了历史上的第二次拆除重建，将原 34 组墩柱重建为 16 组墩柱。此次工程竣工后，改建成了今天这座 17 孔的栈桥。

自回澜阁建成至今，青岛栈桥虽经多次维修，但其风貌基本未改。"烟水苍茫月色迷，渔舟晚泊栈桥西。乘凉每至黄昏后，人倚栏杆水拍堤。"这首刊载于 1933 年《青岛指南》中的诗句正是青岛栈桥的真实写照。青岛栈桥由一个清军建造的军事设施，转变成为今天具有标志性的青岛胜景。

百年来，栈桥伴随着岛城历经沧桑岁月，见证着青岛历史发展的每一个瞬间，记录着青岛湾中每一次的潮涨潮落。这座连接着陆与海的"桥"，更连接着青岛这座城市的过去、现在与未来。

上图——栈桥公园花牌楼想象图
中图——今日青岛湾风貌
下图——长桥夕照

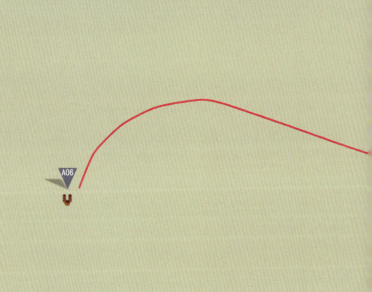

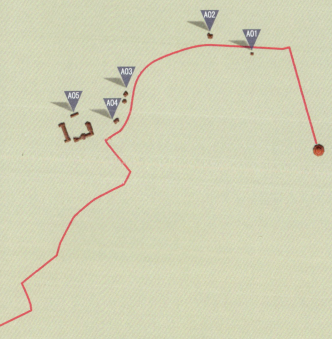

青岛老建筑之旅路线图：A

距离约 3.8 千米，沿线主要建筑：
A01 哈利洋行海水泵站旧址
A02 礼和洋行旧址
A03 太平路 67、69 号德式建筑
A04 太平路 75 号住宅
A05 青岛特别高等专门学堂（德华大学）旧址
A06 团岛灯塔

太平路位于青岛湾海岸，东西走向，是德租青岛后较早建成的街道之一。在德租之前，清军沿海岸建造的一段高三四米的夯土防御墙，大致位于今街道北侧一带。德租后，拆墙筑路，将这一段海岸命名为威廉皇帝海岸，岸边道路命名为威廉街。日据后，曾将其更名为舞鹤町。

　　这条路的东段有清军总兵衙门、天后宫和德国人开办的公司、银行、饭店，中段有码头（栈桥）、港务管理部门以及海关等，西段为早期进入青岛的多家洋行所在地。

　　从栈桥沿太平路西行，首先看到的是一座小巧玲珑的德式建筑——位于太平路南侧与河南路路口处的哈利洋行海水泵站旧址。

A01

哈利洋行海水泵站旧址

地址：太平路
曾用途：海水泵站
建造时间：1901 年
建造者：广包（西米特）公司

哈利洋行海水泵站旧址

　　这栋由两面硬山墙、坡面屋顶的屋舍和哥特式八角形塔楼组成的小型建筑建于 1901 年，是广包（西米特）公司为哈利洋行建造的海水泵房，专为从海中汲取海水之用。

　　初建时的海水泵站窗台之下以花岗石砌基，主入口位于北侧山墙中下部，山墙顶部为两层阶梯式，建筑外立面转角和塔楼檐下裙部施以清水墙，与建筑抹灰立面形成视觉上的对比。

　　40 年前，在小巧的海水泵站前还能看到水罐车在大型"U"形管下接水的情景，现在也已成过往。这座塔楼顶部设有风向标的小型建筑也是青岛现存最小的、附带塔楼的单体德式建筑之一。

由太平路、河南路路口继续前行，路北侧，郯城路路口的太平路41号，为礼和洋行旧址，这也是曾经的洋行聚集区的唯一遗存。

经过郯城路、单县支路、鱼台路，太平路沿着海岸线向西南伸展，其右侧的太平路65、67、75号建筑，是约1911年前建造的德式别墅建筑，现作为民居使用。距此不远即是青岛最早的大学——青岛特别高等专门学堂（德华大学）旧址，现为济南铁路局青岛分局办公楼。

A02

礼和洋行旧址

地址： 太平路 41 号
曾用途： 新民会青岛分会、河南路小学
现用途： 商店
建造时间： 1900 年

礼和洋行旧址

礼和洋行旧址鸟瞰

礼和洋行是一家历史悠久的贸易公司，以经营军火生意和重型机械而闻名。它是德国在中国设立的最大的贸易公司，1898年在青岛设立分支机构，并于1900年在太平路建造了这处洋行兼住宅大楼。日伪时期，该楼为新民会青岛分会驻地。后为河南路小学。

该楼建筑面积约为1 513平方米。主体高二层，另设有地下室和阁楼。主立面中轴对称，起两座山花，主入口位于正中，整个立面强调对称和水平划分，讲求秩序和统一，属欧洲文艺复兴后期的设计手法。

A03

太平路 67、69 号德式建筑

地址：太平路 67、69 号曾
用途：住宅
现用途：住宅
建造时间：约 1912—1914 年

太平路 67、69 号两栋老建筑，在德租时期 1911 年和 1914
年这两个年份的青岛地图上，由无标注到有标注。由此来看，这
两座建筑应该建于这两个年份之间的某个时间段。至于由何人所
建以及作何用途，还有待史料浮出。从外形和体量上看，这两座
建筑都为别墅式建筑。建筑楼高均为两层，且都带有地下室，折
坡屋面上覆红色牛舌瓦，花岗石砌基。

上图——太平路 67 号德式建筑

下图　　一太平路 69 号德式建筑

A04

太平路 75 号住宅

地址： 太平路 75 号
曾用途： 住宅
现用途： 住宅
建造时间： 1918 年前

太平路 75 号住宅

上图——庭院中带有中西合璧式装饰图案的栏柱
下两图——带有中式装饰图案的栏柱

　　太平路 75 号的确切建造年代不详。仅从一幅 1918 年的老照片上可看出，当时该建筑已经建成使用。这栋两层高的住宅，折坡屋面、混水墙面、山墙和角楼带有德式建筑的风格，但前院中的欧式庭院围栏的部分栏柱和角柱上的雕饰图案却明显是中式纹样。据此推测，该房子的主人也许是辛亥革命后来此的清朝遗老、遗少或某位商人。

A05

青岛特别高等专门学堂
（德华大学）旧址

地址：朝城路 2—4 号
曾用途：野战炮兵营、高等专门学堂、
日本青岛守备军铁道部
现用途：济南铁路局青岛分局办公楼
建造时间：1912 年
建造者：德国胶澳总督府

青岛特别高等专门学堂（德华大学）旧址主入口

上图——青岛特别高等专门学堂（德华大学）旧址
下图——青岛特别高等专门学堂（德华大学）旧址内院

青岛特别高等专门学堂（德华大学）旧址礼堂上的老虎窗和气窗

青岛特别高等专门学堂（德华大学）是德租青岛时期设立的一所高等学校，1909年10月25日正式开办。主教学大楼1910年春季动工修建，1913年夏天启用。至1914年秋季，已有300多名学生在此就读。除西学外，这里还并行教授中国传统课程。初级阶段为时6年，所教课程为德语、历史、地理、数学（分为算术、代数、几何）、逻辑学、生物学（分为植物学和动物学）、物理学、化学和绘画课。同时教授的中国课程是古籍、历史、地理、伦理和文学。高级阶段由国政学、医学、科技学和农林学几类学科构成。1914年日占青岛后，所有德国设立的学校都在1914年底停办了，这里改为日本青岛守备军铁道部驻地。1922年12月中国收复青岛后，改为胶济铁路管理局。

青岛特别高等专门学堂（德华大学）建筑群，位于栈桥西侧，占地面积达4万多平方米。由教学楼和宿舍等组成，其校园一直延展至海边。建筑群以位于校园南部、平面呈"L"形的教学楼为重点。德租青岛后，德军于1898—1899年建造的第一座兵营——野战炮连即设立于此。1909年7月，野战炮连为筹建特别高等专门学堂而全部腾空，原有建筑加以改建利用。

主教学楼共3层，长约80米，高约17米，钢木砖石混合结构。长边为单面走廊连接教室，斜坡屋面。高凸的中部楼体为复折式屋顶，正面檐口正中起山花，下为主入口，并用石材做重点装饰；檐口亦选用粗石线脚，体现建筑的凝重、典雅。大礼堂和图书馆设在教学楼东翼的后侧，内部上方设计一个半圆形吊顶。建筑特点最为突出的是礼堂前的圆顶山墙，其青年艺术派风格与建造略早的基督教堂十分相似。后部的二层楼房，建筑立面采取德国建筑厚重、严肃的格调，下部为巨石勒脚，米黄色墙面配以深红色屋顶。校园建有两栋学生宿舍，均为二层建筑，各带有一内院，可分别容纳125名学生。此外，校园里还有一座服务楼及供3名德籍教师使用的住宅楼。

该建筑现为铁路局办公楼，不对外开放。

1900 年，在距青岛特别高等专门学堂（德华大学）旧址以西约 3 千米的胶州湾入海口北侧的团岛岬南端，为给进出胶州湾的船舶指引航向，港务部门在当时的城市最西端建造了团岛灯塔（也称游内山灯塔）。这座灯塔在 1914 年发生的青岛日德之战初期，由于其位置正处于游内山炮台的射界上，被德军自行炸毁。日军占领青岛后，在 1919 年 8 月予以重建。

右图——团岛灯塔

A06

团岛灯塔

地址：团岛南端
曾用途：航标灯塔
现用途：青岛航标处航标灯塔
建造时间：1900 年始建，1919 年重建

上图——海上远眺团岛灯塔
下右图——灯塔发光器
下左图——灯塔内部的螺旋楼梯

　　因地处偏僻、道路难达，团岛灯塔现未开放。虽然从陆路上难以抵近，但因其处于胶州湾出入口，如乘船航行于此，天气晴朗时，黑白相间的灯塔耸立于海岬之上。夜航中，又可见灯光闪烁。当海面雾起时，更可闻雾笛声声。

团岛，又名游内山，在台西镇西端。为方便船只驶入内锚地（胶州湾）或进入港内，德国总督府于 1900 年 12 月 1 日，在团岛岬最南端的游内山海防炮台前，建成并启用了一座灯光高出水平零度线 35 米、通高 33 米、基座为八边形、塔身为圆锥形、由花岗岩砌筑的灯塔。灯塔上初期采用的德国产气体火焰发光设备，后改为两组弧光电力闪光的航标灯光设备和雾号装置（雾笛）。其灯光通常可见距离为 16 海里，照射角为 12 度；向北有闪光灯，照射角为 30 度；向南有二次闪光灯，照射角为 278 度。在朝向陆地的一侧有 40 度的暗角。

日德青岛之战时期，为给设于游内山的炮台腾出射击区，1914 年 9 月 13 日，德军工兵炸毁并拆除了团岛灯塔及其附属建筑物。

现今仍在使用的这座灯塔的主体建筑，零度线为 24 米，由日本人于 1919 年 8 月在原址后部重建。新灯塔为一座高 15 米的八角形花岗岩石砌建筑。顶部安装有一盏固定的三级亮度的屈射光线灯，可在 15 海里外看见灯光；并装有内燃机带动的警报器，在雾天每隔 30 秒钟发出 3 秒钟警报哨声。

今天，灯塔上部已换装有被人们俗称为"海牛"的气雾笛。这种国际通用的航海笛声信号，每当海上雾起时，可向过往的船只发出告知该灯塔的地理坐标以及警报等国际通用的航海笛声信号。但随着 GPS、北斗等现代卫星定位导航的应用，"海牛"的叫声也已逐渐失去实用价值。

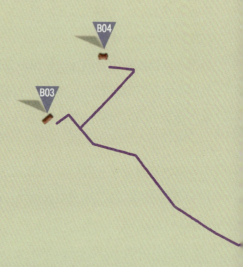

青岛老建筑之旅路线图: B

距离约 1.4 千米，沿线主要建筑：
B01 车站饭店旧址
B02 青岛火车站
B03 避病院（传染病院）旧址
B04 屠宰场办公楼旧址

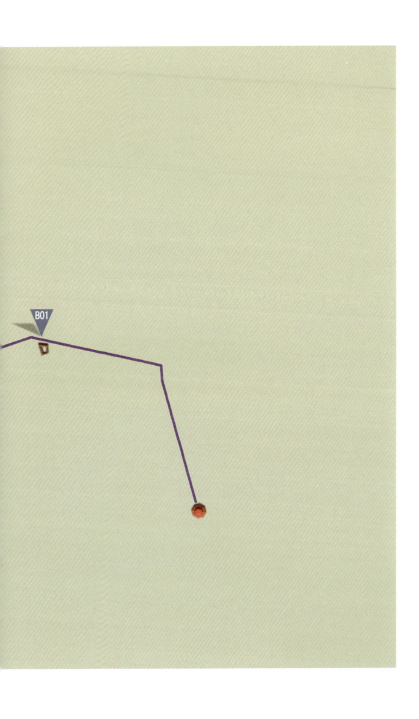

沿着与栈桥相向的中山路北行，走过太平路后向西左转进入兰山路。坐落于兰山路西端左侧，带有金色盔式塔楼的建筑，为1901年建造的车站饭店旧址。

　　车站饭店旧址西北方，与其互为对景的建筑群为青岛火车站，高耸于其中带有攒尖钟表楼的建筑，为1992年重建的青岛火车站。

　　中山路南起栈桥，北至大窑沟，长约1500米，是德租青岛早期规划和建设的道路之一。以今德县路、保定路路口为界，南段的欧洲人居住区（青岛区）被命名为弗里德里希大街，北段的华人区（鲍岛区）定名为山东大街。1914年日据后，弗里德里希大街改名为静冈町，山东大街改为山东町。1922年，两个路名合称为山东路。1929年，更名为中山路。1938年，再次改为山东路。1945年，恢复中山路名称至今。

B01

车站饭店旧址

地址：兰山路 28 号
曾用途：商业综合楼、铁路职工宿舍
现用途：饭店、商场
建造时间：1901 年始建，2001 年重建
建造者：柴瑞舟

车站饭店旧址

车站饭店旧址山墙原貌

　　与城市共生的中山路是青岛时尚的繁华"街里（界里）"。自开辟时日起，即与港口、商贸、餐饮、娱乐等百业凝聚成体。鳞次栉比的老字号，琳琅满目的老商铺，更为之增添盛名。从弗里德里希路到中山路，是一条历史走廊。从欧式建筑到传统里院，这里建筑迥异，风貌独特，中西方文化交融赋予其独特的风格。

　　兰山路和泰安路（德租时期的霍亨索伦大街和基尔街，日据时期的姬路町、横须贺町）区域是早期的洋行区和胶济铁路起点——青岛火车站所在地。百年中，有多少行囊和什物从这座门户进出无以累计，有多少故事在这里发生更是难以尽述。

车站饭店位于火车站东南侧，耸立于路口的八角塔楼和巴洛克式的山墙，与其西北的火车站钟楼高低呼应，互为借景，勾勒出昔日城市西边优雅、别致的城市景观。车站饭店是中国商人柴瑞舟所建，在1901年建成之后，曾出租给德国人经营。饭店的首位经营者是保尔·里希特，1907年是约瑟夫·杜尔德，后来是玛特维希。20世纪50年代，该楼成为铁路职员公寓。2001年，因长久闲置而失火，几近坍塌。修复中，仅保留了原建筑的西、北两侧外墙。

　　车站饭店旧址建筑面积约2 200平方米，高三层，平面为菱形。西北转角处设计为八角形塔楼，上部高耸冠状塔楼。塔楼两侧和东西两个转角起巴洛克式山墙，红瓦坡面屋顶上附着老虎窗。主入口位于面向车站的西北角，其上设有曲折阳台，栏杆上装饰有属于晚期哥特式的"鱼鳔纹"花纹，这也是德国新文艺复兴体建筑中常用的装饰图案。华纳在其著作《德国建筑艺术在中国》中认为，车站旅馆看上去像是典型的南德地区楼房。

B02

青岛火车站

地址：泰安路 2 号
原址：清军训练场
建造时间：1900—1901 年始建，1991—1993 年重建
建造者：山东铁路公司

青岛火车站

上、中图——青岛火车站站台新貌
下图——青岛火车站夜景

1901 年建成的青岛火车站，是胶济铁路的起点，胶济铁路 1904 年全线通车。"除了遵循德国造型的青岛火车站外，胶济铁路其他 63 个车站均以中西合璧的建筑风格建设。建筑中的中国建筑造型仅限于屋顶结构，并用了就地取材的顶瓦、带造型的檐瓦和装有龙头的脊瓦。"

青岛火车站站房为砖木钢结构，由钟楼、候车厅和行李房三部分组成。建筑主体高约 15 米，主楼的立面设计融合了当时在德国国内流行的文艺复兴风格，屋面采用局部变坡的形式设计了三处天窗，上覆中国传统的黄绿杂色琉璃瓦。高大的装饰山墙突出了东立面三券式门洞式主入口，门洞上设有竖向条状窗户。候车大厅的东南转角耸起一座高约 35 米的报时钟楼，居于广西路和兰山路的轴线上。钟楼的造型类似欧洲乡村的小教堂，顶部坡度陡峭，楼顶四面起山墙，内置一座德国制造的四面机械报时钟，钟楼的基座、窗边、门边以及山墙和塔顶的装饰均用花岗石砌筑。

1991 年 8 月，青岛火车站扩建改造，原站房拆除。1993 年，"原样、南移、放大"仿建的新站房竣工。

2007 年，再次改建。新火车站已于 2008 年 8 月 1 日正式投入使用，成为胶济铁路上大量动车组的始发站。

沿青岛火车站南侧的费县路西行至广州路与东平路路口，再沿东平路直行，经过朝城路、观城路、寿张路、云南路、邹县路、滕县路后左侧的马路为嘉祥路。嘉祥路西侧嘉祥路3号，为避病院（传染病院）旧址。

云南路，德租时期的台西镇街，因1901年德国人在原小泥洼村一带设立的第二处华人住宅区——台西镇而得名。

1898年德租青岛之前，在这条道路中部西北海岸上，曾有一座驻防清军建造的兵营。这是清军在青岛建造的6座兵营之一，也是今天青岛唯一一处保留下来的清军兵营遗址。

至今，兵营台基的轮廓清晰、位置明确，但营墙和营房建筑早已荡然无存，取而代之的是一座约在日据时期1917—1918年由日本守备军司令部在德国防疫站原址上建造的避病院（传染病院）旧址，即今青岛市第五人民医院。

B03

避病院（传染病院）旧址

地址：嘉祥路 3 号
原址：清军广武前营
曾用途：防疫站、医院
现用途：青岛市第五人民医院
建造时间：约 1917—1918 年

避病院（传染病院）旧址

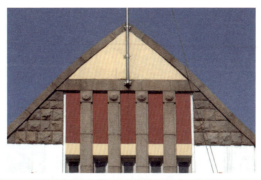

上图——避病院（传染病院）旧址山墙
下图——避病院（传染病院）旧址具有欧式建筑风格的老虎窗

1897 年之前，驻防青岛清军在青岛共建造了 6 处兵营。其中，广武前营位于胶州湾东岸海岸边的小高地上，德租后被称为高地营房，1899 年在其西北海岸建成一座木构桁架式的阿克纳桥（码头）。

德国胶澳总督府在 1906 年后，开始筹备将这处远离欧人区的营房改扩建成防疫站。防疫站于 1908 年 10 月—1909 年 10 月建成，并可从海上通过阿克纳桥（码头）抵达。

1914 年日据青岛后，于 1915 年 1 月在此设立了有 100 个床位的避病院（传染病院）。在 1916 年的青岛市街图上，避病院（传染病院）被列为第一期工事的第 17 项建筑项目，又进行了改扩建。据此推断，该医院大楼约建于 1917—1918 年。

由避病院（传染病院）旧址再回到滕县路上沿路北行，滕县路北端与观城路路口左侧的观城路65号，即为屠宰场办公楼旧址。

　　观城路，今天已与德国人建造的屠宰场联系在一起，而在1906年屠宰场建成后至1915年的好长一段时间里，还必须绕道当时的台西镇街才能到达。1902年，今观城路南段通往检疫站的道路形成雏形，直至1915年日据时期街道才完全贯通，名为松岛町。

　　1906年建成的屠宰场，位于城区的西部海岸边。西邻一座污水高架桥，北邻奥斯特船厂，东邻污水A号泵站（总站）。一条排放点位于游内山（胶州湾口）的城市污水排放主管道环绕屠宰场半周。择址于此的目的在于避免气味对居住区的影响，并便于废水排放。

B04

屠宰场办公楼旧址

地址：观城路 65 号
曾用途：屠宰场办公楼
现用途：办公楼
建造时间：1903—1906 年
建造者：德国胶澳总督府
建筑师：斯托塞尔
造价：75 万金马克

屠宰场办公楼旧址

　　屠宰场建于1903—1906年。1914年11月，日本占领青岛，屠宰场被守备军当局没收。当局在1917年对其进行投资扩大，并增加了生产设备。1922年12月，中国收复青岛后，将其改为中日合资的胶澳商埠屠兽场。抗日战争胜利后，南京国民政府接管了屠宰场，并将其更名为青岛畜产股份有限公司。

　　屠宰场位于青岛西部近海处，是最早的肉类食品加工企业。主要生产设施有大、小牲畜屠宰间，冷库，水塔等。主要机械设备有病畜焚烧炉、杀菌机等。辅助设施有办公楼、职员住房、劳工和守门的用房以及马厩等。今屠宰场建筑大部分已拆除，仅办公楼和小部分车间得以保存。

　　屠宰场办公楼平面呈矩形，楼高二层，中轴对称，红瓦坡屋顶。立面转角、门窗洞口用花岗石镶嵌装饰，二层檐口起稍微出挑的两大一小三处山花，二层南立面两翼做半木构装饰。主入口位于东侧，南侧设次入口。

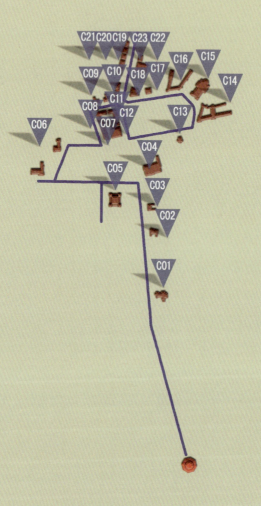

青岛老建筑之旅路线图：C01—C23

路线 C 距离约 3 千米，分为 C01—C23、C24—C37 两段。C01—C23 沿线主要建筑：

C01 青岛俱乐部旧址

C02 弗里德里希大街商业综合楼旧址

C03 奥古斯特·梅尔商业综合楼旧址

C04 德国海军士兵俱乐部（水师饭店）旧址

C05 东莱银行青岛分行旧址

C06 警察公署旧址

C07 青岛中国实业银行旧址

C08 金城银行青岛分行旧址

C09 肥城路 15—17 号德式住宅楼旧址

C10 祥福洋行地产公司商业综合楼旧址

C11 大陆银行青岛分行旧址

C12 中国银行青岛分行

C13 安娜别墅（罗贝特·卡普勒住宅）旧址

C14 天主教圣言会会馆旧址

C15 圣弥厄尔教堂

C16 圣心修道院旧址

C17 肥城路 11 号德式公寓旧址

C18 海恩洋行大楼旧址

C19 中山路 76 号德式建筑

C20 义聚合钱庄旧址

C21 中山路 84—98 号德式公寓旧址

C22 交通银行青岛分行旧址

C23 山东大戏院旧址

C01

青岛俱乐部旧址

地址：中山路 1 号
曾用途：日军守备军军事法庭、国际俱乐部、
中苏友好馆、科技协会
现用途：饭店
建造时间：1911 年
建筑师：罗克格

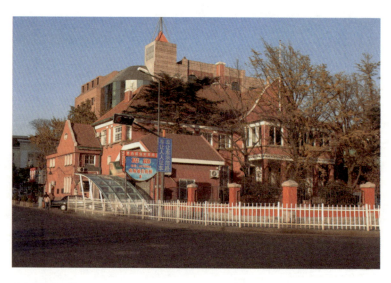

青岛俱乐部旧址

青岛俱乐部旧址内部壁炉

　　1910 年，建筑师罗克格严格地按照德国青年派风格设计了这座建筑。虽然朴实无华，但显然更为简洁实用。当年出版的《德国建筑》杂志认为，青岛俱乐部在风格上"与德国郊区那些非常舒适的富家住宅非常相似"。1914 年之后，俱乐部成为日军守备军军事法庭。1921 年，改为国际俱乐部。1949 年之后，国际俱乐部被中苏友好馆取代，后为科技协会驻地。

　　该建筑位于中山路南端的东侧，楼高二层，地下一层，平面布局呈自由式，红瓦坡面屋顶，墙体为水泥拉毛式，建筑勒脚及窗台均以巨石镶边。南侧大门用 4 根粗圆柱撑起悬挑的雨棚，通过 12 级踏步到达入口，进门迎面为大厅，西侧设侧门。大厅内带有镶金箔的德意志帝国鹰徽的蓝色瓷砖壁炉至今仍保存完好，这幅具有拜占庭风格的玻璃马赛克镶嵌画为青岛仅有。

　　青岛俱乐部旧址现为青岛市文物保护单位。

经过广西路，到达中山路与湖南路，路口右侧东南角上带塔楼的建筑为弗里德里希大街商业综合楼旧址。湖南路路口北侧的中山路25号，为曾经属于伊尔蒂斯山矿泉水厂老板维尔德所有的商业综合楼。前方，位于中山路与湖北路口东北角有塔楼的建筑为德国海军士兵俱乐部（水师饭店）旧址。

海因里希亲王大街是今广西路在德租青岛时期的名字；今湖南路、湖北路，在这一时期也被命名为伊伦娜大街和王储大街（太子街）。日据后，这三条街道分别改名为佐贺町、久留米町、滨松通。

这三条东西走向的道路南邻青岛湾畔的太平路，北依曾经的胶澳总督府，在百年前的建造之初，即是重点街区；百年后，也是德式建筑和老建筑保存较多和较为完整的区域之一。

今广西路上现存的德式建筑有圣言会住宅旧址、马克·齐默尔曼住宅（德国领事馆）旧址、皮哈利商业综合楼旧址、祥福洋行地产公司公寓楼旧址、胶澳皇家邮政局旧址、朗德曼商业综合楼（德基洋行）旧址、赉寿药行旧址、侯爵饭店旧址等。

湖南路上现存的老建筑有安治泰主教公寓旧址、里特豪森住宅（大森洋行）旧址、伊伦娜大街美国长老会住宅旧址、伊伦娜大街祥福洋行地产公司公寓楼旧址、东莱银行青岛分行旧址等。

今天这些备受关注的老建筑都得到了应有的保护和利用，博物馆、书店遍植其中。

C02

弗里德里希大街
商业综合楼旧址

地址：中山路 17 号
曾用途：商住综合楼
现用途：住宅楼
建造时间：1903—1904 年

弗里德里希大街商业综合楼旧址

弗里德里希大街商业综合楼旧址北立面

弗里德里希大街商业综合楼位于中山路与湖南路口，因贝伦曾在此租住，有时又称贝伦住宅。该大楼建成后，《青岛德文新报》编辑部曾设在这里。1912年，大楼属于与奥古斯特·梅尔合办伊尔蒂斯山矿泉水厂（青岛汽水厂前身）的商人维尔德，直至1914年。

大楼高两层，有阁楼和半地下室，砖石木结构，总面积1 800米，平面呈"L"形，清水墙面，红瓦屋面。底层临街均为3米高的大券窗，转角处设一座连边拱穹式外饰瓦的装饰性塔楼（塔冠系重建）。临街的两个立面上，西侧起一座、北侧起两座饰以红砖的阶梯式山墙，主入口位于北侧，内设木质楼梯。至今仍是中山路南段引人注目的一座地标性建筑。

C03

奥古斯特·梅尔
商业综合楼旧址

地址：中山路 25 号
曾用途：商住综合楼
现用途：商店及住宅
建造时间：约 1906 年

奥古斯特·梅尔商业综合楼旧址

奥古斯特·梅尔商业综合楼旧址塔楼

　　今中山路 25 号建筑是由奥古斯特·梅尔在 1906 年左右建造的。在这座大楼里，除了奥古斯特·梅尔与维尔德共同经营的伊尔蒂斯山矿泉水厂（青岛汽水厂前身）办公室外，经营印刷出版公司和书店的奥托·罗泽也租用了部分楼层。1901—1913 年每年发行的《行名书》就是在这里出版的。

C04

德国海军士兵俱乐部
（水师饭店）旧址

地址：湖北路 17 号
曾用途：德国海军士兵俱乐部、市民会、
日本居留民团、美国海军士兵俱乐部、共青团青岛市委
现用途：一九〇七光影俱乐部
建造时间：1901—1902 年
建造者：德国胶澳总督府
建筑师：J.雷恩哈德

德国海军士兵俱乐部（水师饭店）旧址

上图——德国海军士兵俱乐部（水师饭店）旧址西立面山墙及塔楼
下图——德国海军士兵俱乐部（水师饭店）旧址大厅

1898 年 10 月 18 日奠基、1902 年 5 月 10 日开业的德国海军士兵俱乐部，是根据 1898 年来青岛的时任巡洋舰队司令普鲁士亲王海因里希之命，由总部设在德国基尔的公益性组织"帝国海军士兵与士官水手之家"在青岛为德国驻防部队和巡洋舰队的下级军官、军士们休息娱乐而建造的，是青岛第一座设有大型礼堂的建筑。日占青岛后，俱乐部被改为日本市民会。1922 年 12 月，市民会改为青岛居留民团。1945 年 8 月之后，大楼成了美国海军的士兵俱乐部。内部设有阅览室、台球室、桥牌室、酒吧、咖啡室，户外还有网球场，后部还附有一个木结构拱形屋顶的礼堂。

　　该建筑楼高二层，带阁楼，地下一层。立面采用不对称式设计，西南立面转角高耸的塔楼效仿了中欧庄园古堡的形式，使其成为构图的中心。塔楼之下和外廊上被中国人视为不吉利的"X"形桁架木构，在后期的建筑上被放弃。红瓦坡顶屋面，木制外廊。礼堂宽 14 米，进深 20 米，厅内三面墙为回廊式，可容纳座席 200 位。礼堂用玻璃罩灯和北侧窗自然光采光，木质结构至今仍保持原状。主入口位于南侧，大门外巨大的花岗石踏步为后期增建。建筑风格属德国新文艺复兴式。

由德国海军士兵俱乐部（水师饭店）旧址西行，走入湖北路的西段，湖北路与河南路路口东南角四个角上带有塔楼的建筑，为东莱银行青岛分行旧址。

　　湖北路东接德县路，西连泰安路，现存的老建筑多为德式建筑。湖北路3号的单体建筑，约建于1905年。安徽路与浙江路之间的3座建筑，在德租时期的地图上被形象地标注为"三座楼"，这3座建筑均为希姆森公司在1905年后分期建造。历经百年风雨，建筑外立面的变化较大，位于西侧的"3号建筑"的3层为后来接建。17号，是德国海军士兵俱乐部旧址。29号，是带有钟表楼的是警察公署旧址。33号，是一座约建于1911—1912年的住宅建筑。

C05

东莱银行青岛分行旧址

地址：湖南路 39 号
曾用途：青岛市档案馆、保险公司
建造时间：1923 年
建造者：刘子山
建筑师：杨浩然

东莱银行青岛分行旧址

1923 年，这座具有重要意义的标志性银行建筑开始建造。该大楼为青岛富商刘子山所建，设计者是刘子山的朋友——浙江绍兴人杨浩然。

大楼建筑面积为 2 600 平方米，坐北向南，主体三层，高耸的四面坡屋顶内设有两层阁楼，另设有半地下室。建筑采用方形平面，体量方正，对称的立面设计使建筑显得严肃庄重。建筑内有房间 34 间，主厅富丽堂皇，护墙板雕饰花纹。建筑四角的正方形角楼采用花岗岩镶边，威严厚重，顶端设有凉亭，以纤细的圆柱支撑四边攒尖屋顶。正立面角楼之间为开放式外廊，外廊中部突起，主入口处前设开放式迎客楼梯，屋顶起三角形山墙。建筑主体部分采用花岗岩方石贴面，敞廊采用多立克立柱支撑。大楼四周有围墙，院内宽阔，右侧建有汽车库，一楼中央为银行营业厅入口，后部为餐厅。二楼、三楼为住宅。

大楼竣工后，东莱银行从天津路迁入营业。除了早已停业的德华银行青岛分行，这是当年青岛地区最高档的银行楼。

从东莱银行青岛分行旧址，再回到湖北路上左转西行，到达湖北路、新泰路路口。新泰路是曾经的但泽街、比治山町。面前带有高耸的钟表楼的建筑便是 1905 年建造的警察公署旧址。

C06

警察公署旧址

地址： 湖北路 29 号
曾用途： 日本守备军青岛宪兵队、
胶澳商埠督办公署警察厅、
青岛警察局
现用途： 青岛市公安局
建造时间： 1905 年
建造者： 德国胶澳总督府
建筑师： 斯托塞尔

警察公署旧址塔楼

警察公署旧址

警察公署旧址南立面山墙

1903 年 10 月至 1904 年 10 月，德国胶澳总督府选择了原清军骧武前营东南的高地建造警察公署。这处呈八边形的巨大的地块，足以容纳所需的其他建筑物。1904 年，警察局大楼动工兴建。1905 年 10 月，交付使用。楼内设青岛地方法庭，区公所也被安置在这座大楼内。1906 年，又建成了欧人警察宿舍楼和一幢华人警察中式住房。1906 年 10 月至 1907 年 10 月，于八边形地块的西北角——已被拆除的原清军"海滩营房"（骧武前营）东侧，建造了华人警察连及专门用来关押中国人的"华人监狱"。

警察公署旧址的塔楼是整栋建筑的视觉中心，上部四面起小山墙，装饰以外砌红砖。警察公署旧址平面为"L"形，建筑主体为二层，局部三层，楼高 16.5 米，斜坡大屋面上辅以牛舌状红陶瓦。立面上的外砌的花岗岩条石与红砖纵横相间，构成方格状仿木构装饰图案。主入口位于钟楼南侧的下方，东、北、西侧设多处便门，室内高约 4 米，木板地，走廊为马赛克镶拼图案。结构以砖木为主，是一栋德国文艺复兴式的建筑。

1914 年 11 月，日本守备军司令部设宪兵队于原德国警察公署，履行治安管理职能。1922 年 12 月，设胶澳商埠督办公署警察厅。1929 年 4 月，原警察厅改为青岛市公安局。1936 年 6 月，改青岛市公安局为青岛市警察局。此建筑现为山东省文物保护单位，不对外开放。

由警察公署旧址东侧的新泰路北行，右转到曲阜路，再左转到河南路口，路口东北转角的建筑为建于1934年的青岛中国实业银行旧址。

河南路是德租时期的汉堡街、日据时期的深山町。这条街虽然与中山路毗邻，在1914年之前也有较多的德国人的建筑在其周围，但在德租时期却并未被划入德国人的"内界"。河南路上现存的德式建筑不多，曾经的胶海关、顺和洋行、哈里洋行、谦顺银号等都成了历史，仅在曲阜路、肥城路、济南路口还有几处老建筑依稀可辨。

C07

青岛中国实业银行旧址

地址：河南路 13 号
曾用途：青岛中国实业银行
现用途：中国人民银行青岛中心支行营业部
建造时间：1933 年始建，1987 年增建
建造者：中国实业银行
施工：申泰营造厂
建筑师：许守忠

青岛中国实业银行旧址

　　外立面西南角呈弧状的青岛中国实业银行旧址，占地面积约为 1 837 平方米，建筑面积约为 3 843 平方米，钢混结构，地上四层（四层为 1987 年增建），地下一层，花岗岩方石砌基及外壁。位于西立面的通高两层的券式大门雕饰精美，两侧各立两根高大的科林斯式石柱，并以螺旋纹和蜂窝纹装饰柱身，裙部及上部出檐，檐下饰以雕饰，使得建筑具有欧洲古典建筑风格。

　　1952 年，青岛中国实业银行并入公私合营银行青岛分行。现为中国人民银行青岛市中心支行营业处。

青岛中国实业银行旧址北侧，从河南路与肥城路（德租时期的不莱梅大街，日据时期的马关通）路口东望，可以看到位于浙江路上的圣弥厄尔教堂。位于其路口东南角，带有高耸钟楼的建筑，为1935年建造的金城银行青岛分行旧址。

C08

金城银行
青岛分行旧址

地址：河南路 17 号
曾用途：金城银行青岛分行
现用途：青岛市商业银行河南路支行
建造时间：1935 年
建筑师：陆谦受

金城银行青岛分行旧址

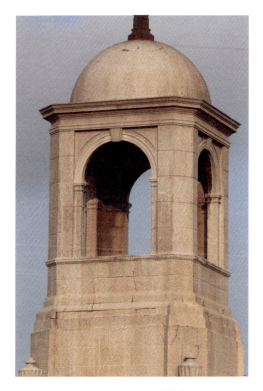

金城银行青岛分行旧址塔楼

　　位于河南路与肥城路路口的金城银行青岛分行旧址，由中国建筑师陆谦受设计，是一栋具有欧洲古典风格的建筑，建成于1935年9月17日，整组建筑华丽、典雅。建筑平面布局为"L"形，占地面积802平方米，建筑面积约为2 190平方米，钢筋混凝土结构，石基石壁。地上三层，地下一层，主入口位于西北转角处，面对路口，设有两方三圆5根欧式爱奥尼式壁柱，顶部为希腊式的三角山花，上部是一座欧洲19世纪市政厅式、高约12米的钟表楼，是青岛曾经的五大钟楼建筑之一。

金城银行青岛分行旧址曲阜路一侧对面两座外观相同的二层建筑，为祥福洋行地产公司于1905—1906年建造的用于出租的公寓楼。东侧与其相邻、主入口设在东侧中山路上的层高两层的建筑，同为该公司于1906—1907年建造的商业综合楼。

　　中山路与肥城路路口东北角为1902—1903年始建、1999年拆除后仿建的海恩洋行大楼旧址，西南角为1934年建造的大陆银行青岛分行旧址。

C09

肥城路 15—17 号
德式住宅楼旧址

地址：肥城路 15—17 号
曾用途：住宅
现用途：住宅
建造时间：1905—1906 年

肥城路 15—17 号德式住宅楼旧址

两座建筑外观相同且同期完成，这一现象在青岛的德式建筑中是少有的。肥城路 15—17 号建筑的主立面均设有敞廊，一层为坚实的拱券式，二层则采用了简洁的木构架，上虚下实的敞廊和两处均布的出挑阳台，使得外立面形成了较稳重的对比关系。德国学者林德认为："房屋采用简易的结构，应当归咎于其临时建筑的属性。凭借市中心优越的地段，业主可以在若干年以后将建筑拆除，重建为体量更大，商业价值更高的建筑，以便使土地的价值得到充分的发挥。"

C10

祥福洋行地产公司
商业综合楼旧址

地址：中山路 72 号
曾用途：青岛商会
现用途：商店
建造时间：约 1906—1907 年

祥福洋行地产公司商业综合楼旧址

中山路 72 号是由当时青岛的建筑承包商希姆森建造的商业综合楼，希姆森在 1899—1914 年购买了大量的土地，建造房屋用于出售或出租。1922 年之后，青岛商会迁入该楼。1949 年之后，改为工商联合会。

该建筑的平面布局为"一"字形，内设走廊，建筑面积约为 1 500 平方米，砖石木结构，花岗岩砌基，拉毛墙面，楼高二层，地下一层为半地下室，主入口位于东侧。

从建成之初的老照片上看，大量的装饰集中于前立面主入口以及上部山墙和北侧的阳台之上。哥特装饰元素的三角山墙，墙体正中装饰有两层通高的圆壁柱，柱头上部托起一块似孔雀开屏纹样的浅浮雕。但最突出之处还是屋面部分，东向前立面上部设有两座塔楼，南立面顶部另加一座，均施以墨绿色铁质锥顶。屋面上覆的并非传统红瓦或灰瓦，而是一种少见的呈方形板状的屋面材料，不仅选材奇特，而且还以两种不同的色彩镶拼出 4 组几何图案和边框。时至今日，这些装饰部件已被时间打光磨平。

C11

大陆银行青岛分行旧址

地址：中山路 70 号
曾用途：大陆银行青岛分行
现用途：麦当劳快餐店
建造时间：1934 年
建筑师：罗邦杰
施工：新慎记营造厂

大陆银行青岛分行旧址

位于中山路、肥城路拐角，紧邻上海商业储蓄银行旧址的大陆银行青岛分行旧址，占地面积约为733平方米，建筑面积约为2 334平方米，建筑平面为"L"形，钢混结构，中轴对称，地上四层，地下一层，花岗石砌基、贴面。主入口位于建筑东北角，一层设宽大的高窗，二层以上设竖向双联窗，建筑格调简洁大方，与身后这一街坊中的其他银行建筑风格相近，融为一体。

　　1952年12月，该行加入公私合营银行青岛分行。后该建筑曾为山东省食品进出口青岛分公司、中国旅行社、山孚大酒店等单位使用，现为麦当劳快餐店。

C12

中国银行青岛分行

地址：中山路 62 号
曾用途：中国银行青岛分行
现用途：青岛工商银行市南支行营业部
建造时间：1932—1934 年
建筑师：陆谦受、吴景奇

中国银行青岛分行

位于中山路与曲阜路路口转角处的中国银行青岛分行旧址，由中国建筑师陆谦受、吴景奇设计，于 1932 年 10 月开工，1934 年 1 月 31 日竣工。该建筑为轴线式布局，钢筋混凝土结构，占地面积约为 1 557 平方米，建筑面积约为 4 449 平方米，地上三层，地下一层。屋面为平顶，入口两侧墙面为花岗石嵌门套，南立面顶部出两座类似"马头墙"状山墙，立面处理手法简洁，给人以质朴庄重感。

由此回到曲阜路，东行至曲阜路与浙江路路口，路口南北两侧，南侧为建于1901年的安娜别墅（罗贝特·卡普勒住宅）旧址，东北侧为建于1902年的天主教圣言会会馆旧址。路口北侧的浙江路上，两座顶端带有十字架的高耸攒尖塔楼的建筑，即为建于1934年的中国唯一的祝圣教堂——圣弥厄尔教堂。

　　南北走向的浙江路，即德租时期的芦坡街及日据时期的高濑町，是一条与曾经最高建筑、十字架、钟声联系在一起的街道。沿路南下，张勋旧宅、侯爵饭店旧址、希姆森公寓楼等老建筑分布在两侧。

C13

安娜别墅
（罗贝特·卡普勒住宅）旧址

地址： 浙江路 26 号
曾用途： 住宅
现用途： 青岛书房
建造时间： 1901 年
建造者： 罗贝特·卡普勒

安娜别墅（罗贝特·卡普勒住宅）旧址

安娜别墅（罗贝特·卡普勒住宅）旧址塔楼

安娜别墅（罗贝特·卡普勒住宅）旧址窗饰

1901年建成的安娜别墅，是由在青岛和儿子经营砖瓦厂的罗贝特·卡普勒建造的。之所以称之为安娜别墅，是因为卡普勒最喜爱的一个女儿名叫安娜（一说是卡普勒的母亲名为安娜）。当时，卡普勒父子的砖瓦厂德远洋行规模上仅次于捷成洋行。1913年，卡普勒家族将别墅售予朝鲜王室闵咏瓒。1918年，闵咏瓒将这栋别墅出售给了后来的青岛首富刘子山。因此，此建筑也有刘子山宅一名。

　　细部装饰繁复、宛如童话故事般的安娜别墅，建筑平面为方形，建筑面积约为719平方米，属欧洲古典式流派风格，地上三层，地下一层，西侧设辅房，西北转角建有"洋葱头式塔楼"。该建筑通高13.4米，南立面一、二层中部为带有4根方柱的阳台。顶部山墙叠错内收，每层叠错处两端设装饰柱头。建筑的墙体转角均用花岗石镶嵌，自上而下规矩排列。窗套外侧使用了附柱，东立面二楼窗眉上设计有人物头部雕塑，楼层分隔处装饰有古典式精美角线，东立面立山的柱身上标有"1901"建造年份。

C14

天主教圣言会会馆旧址

地址：浙江路15号
曾用途：天主教堂
现用途：天主教堂办公用房
建造时间：1902年
建造者：天主教圣言会建
筑师：贝尔纳茨

天主教圣言会会馆旧址

上图——天主教圣言令令馆旧址西立面
下图——天主教圣言会会馆旧址夜景

1898 年 9 月 2 日，德国胶澳总督府推出青岛历史上第一份城市规划方案，天主教堂的位置拟定于今青岛火车站附近。不过，因主教安治泰对这一建设规划提出抗议，该规划被修改。在 1899 年的备忘录中，一份经过修改的建设规划公布，重新选定了天主教堂的位置——位于欧人区西北的一座山丘上，也就是今天的天主教圣言会旧址。1899—1902 年，天主教圣言会在这里建成一座小礼拜堂。直至 1931—1934 年才在西侧预留空地上完成了天主教堂——圣弥厄尔教堂的建造。

1900 年至 1934 年，青岛的天主教堂的活动一直设在从外面或街上看不到的圣言会内进行。这幢临近欧人区和华人商业区接壤处、带有文艺复兴风格的建筑，沿两条道路展开，礼拜堂和带有十字架的小钟楼设于后部，可容纳 300 ~ 400 人。西南转角处和北端各建有一座六角型的塔楼，立面华丽繁复。一层外墙融合了中国传统建筑的做法，采用了中式的清水墙灰砖砌筑；二层风格却是欧式的，墙面为粉白色，配窄条窗，周边镶嵌花岗岩条石和红砖。西立面中部带有曲线装饰图案的花岗石雕山花，曾在 1914 年的日德青岛之战中遭日军炮击损毁，后经修复保存至今。南立面入口上二层设有垂花窗，会馆设两个入口，内有小型的祷告室和一个用来印制圣经教义的印刷所。二层是神父的住所和其他房间，内院则是一个精巧的小花园。

C15

圣弥厄尔教堂

地址：浙江路 15 号
曾用途：天主教堂
现用途：青岛天主教堂
建造时间：1934 年
建筑师：阿尔弗莱德·弗莱拜尔

圣弥厄尔教堂

　　圣弥厄尔教堂位于天主教圣言会会馆西侧、曲阜路与德县路交会的山坡台地上，由阿尔弗莱德·弗莱拜尔修士设计，建筑图纸由其委托他人从德国带到青岛。

　　教堂建筑平面采用了教堂建筑标准的希腊大"十"字形，主入口设在南侧中央。教堂总占地 11 480 平方米，总建筑面积约为 2 623 平方米；教堂建筑占地 2 400 平方米，建筑面积约为 1 877 平方米。其南北长约 65 米，东西宽约 37 米。内庭宽敞，可容千人。北端为祭坛，大堂宽 12 米，高 18 米。两侧两个高耸的塔楼高 56 米，内悬有大钟 4 口，上各设一高 4.5 米的混凝土包铜十字架，南立面正门上方设一面七瓣玫瑰窗，门窗采用券式。檐部和腰线处为罗马风建筑装饰式的密排小券。外墙为花岗石砌筑，局部上设凹凸装饰线条。一层两侧均设计有便门与中间主入口呼应，二、三层设计为单窗，四、五层则改为双窗，以突出建筑立面纵向的划分，六层则结合塔尖起小山墙开圆窗。

圣弥厄尔教堂东立面

自1934年10月建成后，圣弥厄尔教堂就成为浙江路和肥城路的街道对景，同时完善了青岛的城市空间构图。主体建筑与阿尔弗莱德·弗莱拜尔修士的原设计相比变化不大，但两座钟楼顶部和大堂中心顶部的原三座圆顶塔楼被简化掉了，钟楼上的两座四面时钟至今也没再进行安装。设于二楼的管风琴于20世纪60年代损毁，现在使用的新的巨型管风琴为2008年3月6日至5月6日由德国乐博公司安装。

圣弥厄尔教堂整体建筑外观几何特征鲜明，简洁明快，是青岛地区最大的宗教建筑，也是中国唯一的祝圣教堂。这座新罗马风风格建筑，曾经是青岛最具标志性也是最高的建筑。

圣弥厄尔教堂广场西侧，带有两个绿色盔式塔楼的三层建筑，为1902年建造的圣心修道院旧址。沿肥城路再往西下行，潍县路口西侧，门牌号为肥城路11号的三层建筑，为一座约建于1904—1905年的德式公寓楼。肥城路、中山路东北拐角，带有挑窗的大楼是在海恩洋行大楼旧址上按原样仿建的商用楼。

C16

圣心修道院旧址

地址：浙江路 28 号
曾用途：修道院
现用途：海洋仪器仪表研究所办公楼
建造时间：1902 年
建筑师：贝尔纳茨

圣心修道院旧址

圣心修道院旧址夜景

　　来自慕尼黑的建筑师贝尔纳茨在青岛设计的这座楼高两层带有三座塔楼的修道院，为典型的德国南部建筑风格。1931 年 6 月 19 日，建筑师毕娄哈拆除了圣心修道院原二层建筑的屋顶，将其增建为三层，原有的巴洛克式风格塔楼也在同期拆除。

　　该建筑占地面积约为 20 968 平方米，建筑面积 7 606 平方米。原二层建筑层高 3.8 米，砖砌外墙，红瓦坡顶屋面，条形窄长窗户，楼层中间设计有外突的横向装饰线条。转角处中部起山墙，山墙两侧各凸出一处八角形墙体，上冠巴洛克式塔楼。现东南转角三层顶部的两座塔楼及山墙为 2008 年按原样仿建，西角塔楼未仿制恢复。

C17
肥城路 11 号德式公寓旧址

地址：肥城路 11 号
曾用途：公寓楼
现用途：住宅
建造时间：约 1904—1905 年

肥城路 11 号德式公寓旧址

这栋楼高三层、带有大曲线山墙的建筑，完整的照片出现在《胶澳发展备忘录（1905年10月至1906年10月）》中。在1904—1905年的老照片上，这一位置还是一座设有一面宽大三角山墙的二层建筑。显而易见，在1904—1905年这座建筑二层以上进行过接建。

建筑一层中心位置设券式主入口，左右两侧各设两个券窗，转角处镶以花岗石勒角，这些都与早期照片一致，接建的二层均布五个方窗，三层因阁楼和立面的收分改为四个券窗。这座公寓式建筑，立面布局中轴对称，规整严谨。

C18

海恩洋行大楼旧址

地址：中山路 77 号
曾用途：共和大药房、新民饭店、都市旅馆、青岛食品店
现用途：商用楼
建造时间：1902—1903 年始建，1999 年重建
建造者：卡尔·约瑟夫·海恩

海恩洋行大楼旧址

海恩洋行大楼复原图

这栋曾经被德国学者华纳考订为亨宝商业大楼的建筑，一度也被认为是一家饭店。在一幅反映德租早期消防场景的老照片中可见，这栋大楼在建成后不久，顶部漂亮的塔楼就被一场大火焚毁了。

中山路南段，原本偏西的走向在肥城路路口这里转向偏东向，海恩洋行大楼旧址恰巧正处于这一转点，更显突出。

大楼高三层，带阁楼，平面布局呈五边形，主入口位于建筑中部转角处，顶部高起山墙。南、西两个对称立面沿两条道路展开，两端二层设上部为阳台的挑窗，三层顶部起山墙。一层设四面高大的券式窗，二层、三层分别设四连拱石柱和木构敞廊，屋面之上起三座拱券式老虎窗。或许是为了打破建筑的对称布局，在转角二层以上西侧墙角突兀地设置了挑窗和塔楼，遮挡住了后面三分之一的山墙。塔楼消失后，漂亮的山墙反而得以较完整地显露。

1999年，大楼进行了原样重建，虽外观形似但建筑装饰细节还是没有得到准确还原。

从肥城路与中山路路口右转，再回到中山路上。肥城路至保定路之间马路西侧、中山路与大沽路口转角处的三层楼，为中山路76号德式建筑、义聚合钱庄旧址和门牌号为中山路84—98号的德式建筑。

　　大沽路、保定路从建成至今名称未改，只在不同历史时期中"路"字有过"街"与"町"之别。

　　中山路93号，带有高大罗马柱的建筑是交通银行青岛分行旧址，旁边为山东大戏院旧址。

　　山东大戏院旧址北边的德县路，即德租时期的霍恩洛厄街、日据时期的治德通，是曾经的华洋分界线。今德县路与中山路路口南侧的几栋二层楼房均为1914年前建造的德式建筑，对面高大的仿欧式建筑原址即为百年前华人区的"市场大厅"（大鲍岛市场）。

C19

中山路 76 号德式建筑

地址：中山路 76 号
曾用途：不详
现用途：办公楼、商店
建造时间：1906—1907 年

中山路 76 号德式建筑

中山路 76 号德式建筑主入口

　　这座外观平庸的建筑是多年几番改造后的形态，原始的样式和装饰细节现已尽失。该建筑建造于 1906—1907 年、初建时为带阁楼的两层楼房，主入口位于中山路临街一侧的中部，上方高起三角形山墙，二层转角以上设挑窗和塔楼，次入口位于南侧。一层墙面为白色并施以错缝石墙纹路装饰，二层施以与折坡屋面色差相近的深色，使建筑立面形成反差明显的对比关系。1914年前，曾经有高桥写真馆等商号在此经营。

C20

义聚合钱庄旧址

地址：中山路 82 号
曾用途：中信实业银行、商店等
现用途：不详
建造时间：1930年

义聚合钱庄旧址

1927年，山东掖县（今莱州）人王德聚与同乡王振六在青岛合伙开设了义聚合钱庄。1934年，收购了义聚合钱庄旧址。

　　义聚合钱庄旧址占地面积约为866平方米，建筑面积约为1 000平方米，砖石木结构，花岗石砌基，地上三层，地下一层，顶部设带气窗阁楼，主入口两旁设爱奥尼式石柱托起出挑阳台，折坡屋面上覆红瓦。建筑中轴对称，格调典雅端庄。

C21

中山路84—98 德式公寓旧址

地址：中山路84—98号
曾用途：商住楼
现用途：商住楼
建造时间：约1906—1907年

约建于1906—1907年的这三座建筑，分属于不同的人。关于这三座建筑的史料至今十分鲜见，即使凭借德租时期的老地图，也只能是管中窥豹。这一地块在1903年时还只是一个大的地块标画。在1904与1905年地图中，三个小地块有了分界，可能当时的地皮已经被分别售出了。直至1907年，才有了详细的建筑平面形状，标明为已建成状态。在1914年地价图上又增加了三位所有者的名字，由南往北依次是傅炳昭、冯·考斯洛夫斯基、菲利普。

北侧的两座楼之于南侧先期建成的这三座建筑，均为二层楼房。临街的一层各自开设有高大的券式和方形门窗，这显然是为了便于开设店铺；二层窗户普遍略小于一层，符合居住功能。三座建筑立面上部的各式山墙高低错落，此起彼伏。

C22

交通银行青岛分行旧址

地址：中山路 93 号
曾用途：交通银行青岛分行
现用途：中国建设银行青岛分行营业部
建造时间：1929—1931 年
建筑师：庄俊

交通银行青岛分行旧址

交通银行青岛分行旧址主入口科林斯式立柱

交通银行青岛分行旧址始建于 1929 年 7 月，建成于 1931 年 3 月 16 日，由中国建筑师庄俊设计。与北侧的、建于同期的山东大戏院一样，它是在拆除了原址上的一座楼高两层、立面为三联式的德式商住建筑后建造的。

建筑采用钢筋混凝土结构，占地面积约为 1 371 平方米，总建筑面积约为 3 814 平方米。平面为矩形，地上四层，地下一层。主入口位于西侧。中部 4 根科林斯式圆立柱和 2 根方形壁柱连出外廊。柱上设梁枋和装饰性檐口，上部起山花使之与底部形成完整整体。方窗窗台出挑古典纹样的托座。整组建筑比例和谐、立面庄重、风格沉稳且典雅。

C23

山东大戏院旧址

地址：中山路 97 号
曾用途：中国电影院
现用途：电影院
建造时间：1930 年

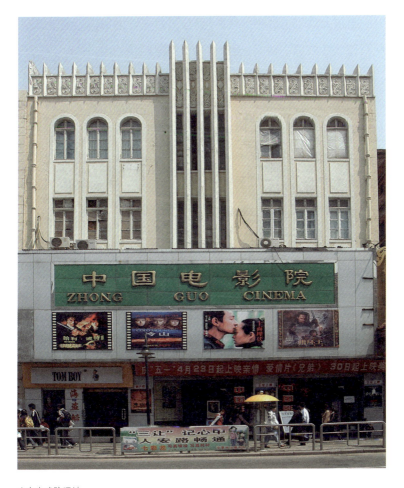

山东大戏院旧址

山东大戏院也是在拆除了原址上的德租时期建筑后建造的。原有德式建筑层高两层，临街立面上设阳台和曲线山墙，比起两侧的建筑来要精致和繁复许多。

1930年，山东大戏院建成后，初为京剧演出场所，后改为电影院。1938年12月，日本人将戏院改名为"国际剧院"，专门放映日本电影。1945年8月，国际剧院为青岛保安队接管，易名为"中国剧院"。后经过数次的维修改造，仍作为电影院使用。

建筑主入口为雕花券式，地上四层，地下一层，其中一、二层为观众厅，共设有750个座席。

中山路北段鸟瞰

青岛老建筑之旅路线图：C24—C37

沿线主要建筑：

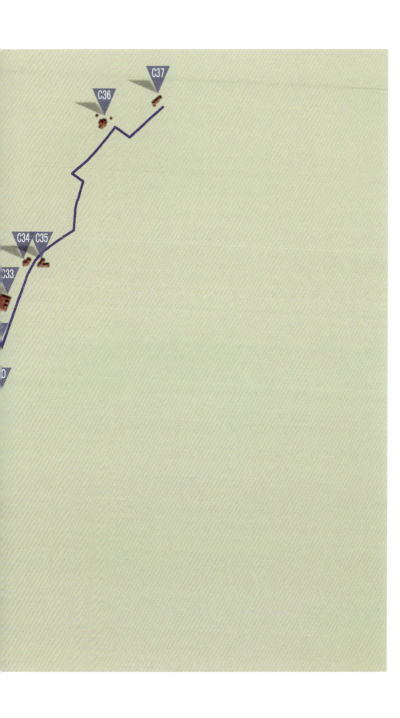

经过中山路与保定路、德县路路口后，中山路的路面明显由宽变窄，这里即是百年前德租时期的华洋分界线。中山路南段，时称弗里德里希大街，为欧人居住和进行商贸活动的青岛区。中山路北端时称山东街，为华人居住和进行商贸活动的大鲍岛区。界里界外的建筑形式与标准明显不同。

这两个区域都是以青岛地方上原有的"青岛村"和"大鲍岛村"而命名的。这个区域内建于德租时期的中西结合式样的老建筑为数不少，大多为两层楼的里院式建筑。百年间，有的拆除，有的改建，有的保留。不过，保留下来的，也因现代化装修已无从辨识其原貌；仅中山路和天津路路口以北的春和楼、劈柴院部分，作为青岛民俗文化保留区得到了保护利用。青岛历史上闻名的春和楼、盛锡福、谦祥益、宏仁堂等老字号商铺都集中于此。

今中山路与保定路转角处的联排式二层建筑，较大一部分还是 1902—1905 年由福祥地产公司建造的中西合璧式商住建筑。一层商铺原有的券式大门和建筑装饰自 20 世纪起几经改造，今已踪影难觅。

中山路 119 号背后，由四条街道合围的街坊，是福祥地产公司于 1901 年结合了中式四合院和欧式住宅楼两种建筑形式而建造的，带有实验性。这一楼高两层、每户都配有独立厨卫和院落的商住建筑，虽然或多或少影响到了日后大鲍岛的里院式建筑形态，但也许是因为当时不符合从传统宅院中走出来的中国人的居住习惯，始终未得以推广。

C24

春和楼、劈柴院街坊

地址：中山路 146—166 号
原址：大鲍岛村
曾用途：商铺及民间娱乐场所等
现用途：饭店、小吃街
建造时间：约 1901—1903 年

春和楼、劈柴院街坊俯瞰

上图——春和楼

下图——劈柴院

1899 年前，今高密路、四方路、潍县路、易州路合围范围内，曾存在过一个有村民 680 人的临海村庄——大鲍岛村。德租青岛后，于 1899—1900 年冬，将这处"有一座带学校的祠堂和一座建得很好的中国官员庄园"以及其他民房的村庄拆除，并以"鲍岛区"之名对这里及附近广大区域予以命名，进行重新规划和建设。

从德租时期多份不同年代的地图上看，这一街坊中，先期建造的是约在 1901 年完成的、位于东南转角上的今中山路 146 号建筑。该建筑初为太芳照相馆，后为景昌号洋服店，现为春和楼饭店。1902—1904 年，街坊外围建筑及内部西部的街也建成。今劈柴院址，除沿街（今中山路）建筑外仍为空地。这一状况至少一直持续到 1907 年。这之后几年的建设情况，未见详细史料。直到 1914 年的青岛地价图中，这一街坊的建筑状况才得以完整呈现。

百年前，这一街坊建筑的平面布局与对面"山东街"东侧的那些规整的犹如"棋盘状"的街坊有所不同。在呈"菱形"的街坊中，五边形、四边梯形的建筑相依而建。中山路临街建筑皆为青瓦清水墙、坡面屋面、楼高两层的商住建筑。今中山路 146—166 号，原建筑基本保存，但建筑立面变化较大。

中山路、北京路路口西北转角上，平面形状呈五边形的两层里院建筑约建于1901年。初建时为带有女儿墙的一层商用建筑，约在20世纪20年代增建了二层。北京路、即墨路路口东北转角处带有弧形山墙的二层建筑也大约于同期建造。

李村路、沧口路之间，面临中山路的是祥福公司约在1905年建造的一组商住建筑。今天，除中部和北部的部分建筑经过了增改建外，其他建筑基本保存。该公司还曾于同期在这一组建筑对面建有两座商住建筑和一座"华人戏院"。时至今日，仅北侧临李村路的一座商住建筑得以保存。

中山路最北端，中山路、济南路、铁路桥、堂邑路、市场三路，多条道路汇聚于此。这一带有一个老名称——大窑沟，因1899年德国人曾在此建有"捷成"和"卡普勒"两座蒸汽砖瓦厂而得名。

路口南侧带有塔楼的建筑为约建于1919—1920年的青岛发电所大鲍岛配电所旧址。过此路口，便进入了堂邑路和馆陶路。堂邑路11号为三井洋行旧址。

C25

青岛发电所
大鲍岛配电所旧址

地址：中山路 216 号
曾用途：胶澳商埠电气事务所、
青岛市电业局电力服务公司、
大窑沟商场、酒楼等
现用途：饭店
建造时间：约 1919—1920 年

青岛发电所大鲍岛配电所旧址北立面

左图——青岛发电所大鲍岛配电所旧址东立面
上图——青岛发电所大鲍岛配电所旧址主入口
下图——青岛发电所大鲍岛配电所旧址塔楼内部

1914 年 11 月，日本占领青岛。随着城市沿铁路线不断向北拓展，原有的发电设备已无法满足日益增长的用电需要。1918 年 3 月，青岛发电所增加了一部 1 200 千瓦的发电机；此后，又安装了一部 1 500 千瓦的发电机。与此同时，当局亦着手在大鲍岛与新市街（新市区）的交会点——大窑沟配建一处新的配电所。

新的配电所位于今中山路与济南路北端汇聚处的三角地上。可能是当时大鲍岛区域的用地已趋于紧张，青岛发电所大鲍岛配电所旧址被设计为一座单体塔式建筑，占地面积仅约 45 平方米。青岛发电所大鲍岛配电所旧址从设计图和早期照片上看，配电所平面为八边形，坐西面东，顶部覆欧洲古典式攒尖顶（后被拆除改建），总高度约 26 米。或许在着手设计期间，当局就考虑赋予其一定的标志性功能，大鲍岛配电所在建成之后，以其独特的风格和高度成为大窑沟和当时新旧市区分界的标志性建筑。

配电所在此后各个历史时期均为供电机构使用，直至其完成历史使命。20 世纪后半叶，该建筑曾为电业局电力服务公司使用，临街门市曾租予大窑沟商场、哈佛酒楼等商户使用。2003 年，青岛发电所大鲍岛配电所旧址被列入青岛市优秀历史保护建筑。

C26

三井洋行旧址

地址：堂邑路 11 号
曾用途：三井洋行（三井物产株式会社青岛出张所）、
联合国善后救济总署鲁青分署、
工艺美术研究所、青岛五金矿业公司
现用途：青建集团办公楼
建造时间：1918 年前

三井洋行旧址

三井洋行旧址地上二层，地下一层，有阁楼。平面为"L"形，花岗石砌基，折坡屋顶上覆红色牛舌瓦。西立面为主立面，窗间设有通檐方形、圆形壁柱，主入口位于中部。券门两侧饰以罗马柱式，上托露天凉台。建筑线条流畅，是日本明治时期的（1868—1912年）建筑风格。

经过市场一路路口，便进入了馆陶路。这条道路约在1905—1906年建成，名为皇帝街。德租时期，因道路紧邻胶济铁路和大港，禅臣洋行、捷成洋行、美最时洋行、利康洋行、储物仓库以及早期的英国领事馆等均设立于此。

日据后，以今上海路为界，南段（含今堂邑路）名为万隅町，北段名为叶樱町。至20世纪30年代，青岛邮便所、正隆银行、三井洋行、正金银行、铃木洋行、山东起业会社、日本实业学校、朝鲜银行、青岛取引所、日棉、日本商工会议所、三菱东拓、大连汽船、山下汽船等也集中于此。

馆陶路左侧第一座三层楼建筑是1925年建造的太古洋行旧址，右侧第一座二层楼建筑为1919年建造的横滨正金银行青岛支店旧址。坐落在馆陶路与东阿路路口的为铃木洋行青岛支店旧址。

C27

太古洋行旧址

地址：馆陶路 2 号
曾用途：麦加利银行（渣打银行）青岛支行
现用途：不详
建造时间：1936年
建造者：太古洋行

太古洋行旧址

莱州路在德租、日占时期的名称分别是弗朗裘斯街、薄云町。1925年建于路口上的太古洋行，楼高三层，折坡阁楼上设有老虎窗。大楼外立面简洁、质朴，唯有从孟莎式折坡屋面上才能看出欧式建筑的特点。

　　太古洋行旧址位于莱州路与馆陶路两条道路的交会处，直面堂邑路，地理位置优越，建成后成为这一区域的地标建筑。1946年，由麦加利银行（渣打银行）使用。新中国成立后，由青岛市百货站文化用品公司使用多年，后为某西餐馆使用。

C28

横滨正金银行青岛支店旧址

地址：馆陶路 1 号
曾用途：横滨正金银行青岛支店
现用途：青岛银行
建造时间：1919 年
建造者：横滨正金银行
施工：华胜建筑公司
建筑师：长野宇平治

横滨正金银行青岛支店旧址

位于馆陶路 1 号的横滨正金银行青岛支店旧址建造于 1919 年。这座有着古希腊建筑风格的建筑，由建筑师长野宇平治设计。建筑地上二层，地下一层，有阁楼。面西的主立面上，8 根爱奥尼式方壁柱直达檐口，上部托起一座古罗马式的三角山墙。建筑体量虽然不大，但比例关系协调。内部大厅高 5.5 米，宽敞壮观。

C29

铃木洋行青岛支店旧址

地址：馆陶路 3 号
曾用途：铃木洋行青岛支店
现用途：中信实业银行青岛分行
建造时间：1921 年
建造者：铃木洋行

铃木洋行青岛支店旧址

1922 年 3 月 18 日，胶海关税务司呈报的《一九二一年贸易论略》对馆陶路上的这几座建筑记有："铃木洋行在所泽町（今馆陶路南段）正金银行邻近，建三层楼房一座，规模甚宏，太古洋行亦新筑一最大之栈房，与该楼衡宇相对。"

　　铃木洋行青岛支店旧址占地面积约为 4 825 平方米，建筑面积约为 2 236 平方米，砖石结构，地上三层，底部和转角为花岗岩砌基。西侧主入口外的 9 级台阶之上和南侧立面上，16 根自基座直达二层顶部、通高 11 米的仿欧洲古典爱奥尼柱成为该建筑的醒目特征。

前方下一个路口为吴淞路，馆陶路与吴淞路路口东北角上的建筑为禅臣洋行旧址。

　　禅臣洋行旧址西北、临近馆陶路与上海路路口的三层楼建筑，为1912年建造的捷成洋行门市与住宅楼旧址。路口左侧西北角的建筑，为1932年建造的朝鲜银行青岛支店旧址。

C30

禅臣洋行旧址

地址：馆陶路 5 号
曾用途：禅臣洋行
现用途：饭店
建造时间：1913 年

禅臣洋行旧址

禅臣洋行旧址建筑面积约为 3 149 平方米，地上二层，地下一层，平面为"L"形，砖石木结构。主立面位于西、南两侧，花岗石砌基，孟莎式屋顶，上设老虎窗，檐部设弧形山墙。主入口位于西侧，两边设圆柱，二层西南弧形转角，设 6 根圆柱凉台。该建筑于 1913 年建成后，南侧部分曾被英国汇丰银行青岛分行使用。

C31

捷成洋行门市与住宅楼旧址

地址：馆陶路 8 号
曾用途：捷成洋行门市与住宅楼
现用途：青岛外事服务职业学校办公楼
建造时间：1911—1912 年
建造者：捷成洋行
施工：广包（西米特）公司

捷成洋行门市与住宅楼旧址

广包（西米特）公司受捷成洋行委托，于 1911—1912 年，建造了这座洋行办公与住宅楼。捷成洋行门市与住宅楼旧址虽楼高两层，但又在两面弧形山墙和高耸的孟莎式屋顶上设有与下部同高的方窗与老虎窗，从而提升了阁楼的高度，也提供了实用空间。这一层后经改建，原有的孟莎式屋顶变成了坡面。唯有山墙和清水砖条纹装饰以及窗眉还容貌依旧。直线与曲线，也使得平整的立面富有变化。

C32

朝鲜银行青岛支店旧址

地址：馆陶路 12 号
曾用途：朝鲜银行青岛支店
现用途：工商银行
建造时间：1932 年
建筑师：三井幸次郎

朝鲜银行青岛支店旧址

朝鲜银行青岛支店旧址位于馆陶路、上海路路口，地上二层，地下一层。底部以花岗石砌基，立面上施以深赭色面砖。券式主入口设于东立面中部，大门两侧两根雕刻精美的花岗石立柱托起上部雨棚。大门两侧各设有高大的带有铁艺花窗格的券式窗和方窗，除在南立面一层上另设有两个券式窗外，其他均为方窗。楼内大厅650余平方米，高约8米，宽敞明亮。顶部檐口为欧洲古典线型，檐下施以浮雕装饰。从这些曲线与直线的对比运用、简洁明快的建筑风格和局部古典主义装饰处理可以看出，建筑师三井幸次郎显然受到了包豪斯等现代主义风格的影响。

沿朝鲜银行青岛支店旧址前行，可以看到一座带塔楼和 6 根罗马柱的建筑——青岛取引所旧址。

这两座建筑都是由三井幸次郎设计的。三井幸次郎，1914 年毕业于日本工手学校（今工学院大学）建筑科。1919—1922 年曾就职于中国工商有限公司，负责青岛、上海、天津等地的建筑设计和施工。1923 年独立执业后，除青岛取引所和朝鲜银行青岛支店外，三井幸次郎还在日侨聚居区设计过多处住宅建筑。

青岛取引所旧址前面，馆陶路与广东路路口西北转角处的建筑为利康洋行（丹麦领事馆）旧址，东北转角处为大连汽船株式会社青岛支店旧址。

C33

青岛取引所旧址

地址：馆陶路 22 号
曾用途：取引所、青岛绥靖公署、海军俱乐部
建造时间：1926 年
建筑师：三井幸次郎

青岛取引所旧址

上图——青岛取引所旧址东立面及主入口
下图——青岛取引所旧址西立面局部

青岛取引所旧址主入口门楣装饰

青岛取引所始建于1920年，花费日金50万元；于1926年
建成，曾有青岛最宽敞美丽之取引所之称。该建筑大约长80米，
宽70米，除大房间用于经营交易外，另有房屋及办公室120间，
其中93间为38家商行所使用。

青岛取引所旧址为钢筋混凝土结构，木架天窗，建筑平面为
门厅、交易大厅和办公室围成的田字形，三段式前立面，主入口
为6根三层通高的科林斯式柱廊，上部起三角山墙，山墙之上两
端高起塔楼，中后部建有穹顶。

该建筑虽以欧美多用于大型公共建筑或纪念性建筑的古典主
义造型为主旨，但东西方建筑元素在此集成有加。叠压在罗马式
的三角形山墙之上的左右排列的两个塔楼极不协调，带有生硬的
拼贴痕迹。

C34

利康洋行（丹麦领事馆）旧址

地址：馆陶路 28 号
曾用途：利康洋行、丹麦领事馆、青岛市棉麻公司等
现用途：青年旅社
建造时间：1914 年前

利康洋行（丹麦领事馆）旧址

利康洋行（丹麦领事馆）旧址楼高二层，为砖石木结构，花岗岩砌基，斜坡屋面上覆红色牛舌瓦，设有曲线形老虎窗，主入口位于东侧。立面转角处，一层设券式窗，二层设券式阳台，并以多立克石柱间隔装饰。

从相关资料看，这座位于馆陶路和广东路交叉口西北角的建筑，由中国建筑师张镜芙设计。初为德国人的利康洋行，后由丹麦宝隆洋行使用并兼做丹麦驻青领事馆，再后来依次为青岛市商业局招待所、山东省棉麻公司青岛采购供应站、青岛市棉麻公司、小港边防派出所，现为青年旅社使用。

C35

大连汽船株式会社青岛支店旧址

地址： 馆陶路 37 号
曾用途： 酒店
现用途： 不详
建造时间： 1927 年始建，1975 年增建

大连汽船株式会社青岛支店旧址

大连汽船株式会社青岛支店旧址西侧次入口

　　始建于 1927 年的大连汽船株式会社青岛支店，为当时青岛较大的一家海运企业。初建时为中部设塔楼的两层建筑，主入口位于转角处，4 根通高的仿科林斯式石柱呈弧状围出大门门廊，半圆形的攒尖屋面上耸立着一座八角形塔楼。建筑的两个主立面沿两侧街道展开，于临大门处各设高大的弧形山墙，一层设有 9 个高直方窗，二层设有同等数量的券式窗，屋面上设曲线老虎窗。1975 年，二层以上增筑为四层。1995 年，再次增筑一层。该建筑曾为招商局青岛分局所在地、青岛中远物流有限公司办公楼。

大连汽船株式会社青岛支店旧址北侧，是按原样复建的两座建筑，原建筑为约建于1908年前的公寓和洋行建筑，1923年后，该建筑曾作为胶海关职员宿舍楼使用。

沿馆陶路北行至馆陶路与恩县路路口，左转经陵县路，走下一段露天花岗石石阶路，横穿莱州路后再穿过一段建筑底部的石阶路，左转便是陵县支路。由铁路桥和高架桥下穿过，右边门前带有船桅旗杆的建筑，为胶海关旧址——今青岛海关博物馆。

与海关博物馆一街之隔的，是一个约建于1906年的铁路涵洞，花岗石洞壁、地面、阶梯和粗壮的栏柱仍保留着建造时的模样。涵洞另一端的出入口位于商河路（赫尔塔街、三条町）、包头路（德意志大街、大和町二丁目）交会处。南侧一座坡面屋顶上覆牛舌瓦的小巧平房，为原大港火车站行车指挥室。这可能是青岛目前现存的体量最小的德式建筑。东侧，商河路至陵县支路转角，还存有两座1904—1908年由希姆森公司建造的公寓楼。

涵洞出口左侧下一个路口，即为大港火车站。

C36

胶海关旧址

地址：新疆路 16 号
曾用途：海关
现用途：青岛海关博物馆
建造时间：1914 年
建造者：中国海关
建筑师：汉斯·费特考

胶海关旧址主入口

胶海关旧址建筑面积2824平方米，主体四层，砖木结构。位于东南立面的主入口由造型简单的4根圆立柱承重，高高的斜屋面上铺有牛舌瓦，立面为米黄色墙面，窗台为花岗石条砌筑，欧洲市镇建筑风格。

两侧山墙为德国青年派风格建筑手法，没有使用过多的装饰，整个建筑简洁大方。

胶海关处在由两条道路斜向交会而形成的一个夹角地块的尖部，由主体建筑和后部的辅助建筑组成。建筑师巧妙地利用特殊的地形，将主楼及整个院落的平面设计成"品"字形布局，将主楼及主入口置于"品"字的顶端，并在主入口前树立"十"字形船桅旗杆。从主入口上部三层的窄窗外望，犹如身处航行中的船上。

1914年11月，日本侵占青岛后，强行占领胶海关，并于次年强迫当时的北洋政府签订《恢复青岛海关协定》。1915年9月1日，胶海关重新开关。同年10月27日，原大连海关日籍税务司立花正树任胶海关税务司。日占初期，由埠头局接管的海关事务重归胶海关办理。1922年6月29日，中国收回胶海关，但仍保留日本的特殊利益。同年12月10日，北洋政府任命英国人李家森为胶海关税务司。

C37

大港火车站

地址：商河路 2 号
曾用途：大港火车站
现用途：铁路售票室
建造时间：1911 年
建造者：山东铁路公司

大港火车站

大港火车站钟表座

山东铁路公司在1903—1904年，于今大港火车站原址建有一座外形为中式的小型火车站建筑。今大港火车站建于1911年，车站的建筑面积为978平方米，平面为矩形，主体高二层，砖石结构，顶部设有阁楼。主立面位于东侧，站前设一个小广场。车站设有候车室、售票房、行包房、站长室等。进出乘客的主入口位于站房的东西两侧，均采用券式门洞，周边镶嵌花岗石，顶部各设一凸出的山花。主楼西侧临月台的屋檐下，设有一座德制铸花双面钟表（另有一面置于室内，实为三面钟表。2015年移至胶济铁路陈列馆陈列）。车站两翼分设两座行车指挥室。

大港火车站为胶济线第一站，因距离青岛站较近，随着铁路列车的提速，大港火车站已停止使用。

D20

青岛老建筑之旅路线图：D

距离约 1.9 千米，沿线主要建筑：
D01 青岛市礼堂旧址
D02 侯爵饭店旧址
D03 贵寿药行旧址
D04 朗德曼商业综合楼（德基洋行）旧址
D05 胶澳皇家邮政局旧址
D06 馥香洋行旧址
D07 橡树饭店旧址
D08 毛利公司及住宅旧址
D09 胶澳皇家高等法院旧址
D10 胶澳总督府旧址
D11 路德公寓（禄宾馆）旧址
D12 克列纳公寓旧址
D13 波特尔公寓旧址
D14 密斯住宅旧址
D15 福柏医院旧址
D16 望火楼旧址
D17 青岛观象台
D18 中国水准原点房
D19 胶澳观象台旧址
D20 圣保罗教堂

兰山路，东起太平路路口，西接火车站广场，是德租早期规划建设的道路之一，初以霍亨索伦大街命名。街道两侧分布有胶海关、海关事务所，哈利洋行、顺和洋行、德威洋行以及多处仓库和车站饭店等建筑。

　　与街道成对景的是青岛火车站。1901年，为便于洋行仓储货运，一条弧线铁路支线西出火车站，从车站饭店、顺和洋行后院穿过，直抵中山路。但随着1904年俗称大码头的青岛大港的建成，洋行仓库也逐步随之转移，这条铁路支线失去了实际意义。1914年日据青岛后将其拆除。兰山路也被更名为姬路町。

D01

青岛市礼堂旧址

地址：兰山路 1 号
曾用途：市南区礼堂、青岛市群众艺术馆
现用途：青岛音乐厅
建造时间：1934—1935 年

青岛市礼堂旧址

青岛市礼堂建于1934—1935年，原址为1900年德国人的港务管理部门所在地，面对青岛栈桥，西邻1911年建成的青岛俱乐部旧址，北靠1914年前建成的希姆森公寓楼。

该建筑为钢筋混凝土结构。面积672平方米，平面为"凸"字形，南立面两翼楼高两层，中部三层，底部设主入口，后部为主体建筑——大礼堂。主入口两侧设凸出的方形壁柱，大厅内为黑白相间的水磨石地面，天花板上饰有装饰图案。该礼堂曾是青岛最大的公用礼堂，一些重要集会均在此举行。

D02

侯爵饭店旧址

地址：广西路 37 号
曾用途：侯爵饭店、俱乐部
现用途：青岛市公安局市南分局
建造时间：1911 年
建筑师：李希德

侯爵饭店旧址

塔楼底部转角处的立柱

1911年7月11日，侯爵饭店开业于时称海因里希亲王大街的今广西路上，其规模仅次于1899年建于威廉大街（今太平路）上的海因里希亲王饭店（现已不存）。日本占领后，改为乙卯俱乐部。1922年12月，为第一区警察署。1929年，南京国民政府接管青岛后，改称青岛警察局市南分局。

侯爵饭店旧址建筑面积约为1 474平方米，砖石结构。楼高三层，立面简洁大方，没有太多装饰，形体自然完整。建筑立面分为三个层次：顶部是带老虎窗的大坡顶；中间是平整的黄墙，墙面仅以突出的蘑菇石线脚分隔；底部是厚重的蘑菇石贴面。西南角设尖顶塔楼，塔楼底层转角处为5根石柱，经过精细加工，纹理清晰，柱头上是波浪状的花纹，体现青年风格派追求自然曲线的特点。墙面的竖条窗和圆券窗排列有序。主入口位于南侧花岗石砌筑的高台之上，门楣是一块做成曲线形式的整石。平台的透空围栏由蘑菇石间隔搭砌，并以条石压顶，与墙面的贴石浑然一体，更显建筑的敦实稳重。

D03

赉寿药行旧址

地址：广西路 33 号
曾用途：药店、住宅
现用途：博物馆
建造时间：1905 年

赉寿药行旧址

上图——赉寿药行旧址带有行木雕业标志的窗套
下图——赉寿药行旧址立面上的装饰瓷砖

广西路 33 号是罗达利洋行在 1905 年建造的住宅和门市。这座至今完好的建筑，被认为是"青岛最漂亮的青年风格派建筑"。

赉寿药行旧址建筑平面呈矩形，建筑面积约 1 960 平方米，砖石钢木混合结构。檐高 18 米，主体带阁楼 4 层，孟莎式屋顶。檐口、滴水嘴以及底部粗短的承重柱由花岗石装饰。立面为红砖清水墙，墙间装饰方形彩色瓷砖。临街立面两窗间墙处的望柱突出于檐口，中间设券式带铁艺栏杆阳台，门窗洞口采用半圆、方额圆角。

药行入口设于南立面中部，建筑东西两侧各设一小一大两座大门，东侧为人员出入口，西侧为通往后院辅助用房的车辆出入口。供居住使用的主入口位于东立面中部（现已不存）。南立面顶部老虎窗上方装饰有欧洲医药协会的行业徽章——蟒蛇缠绕权杖的木雕图案。

D04

朗德曼商业综合楼（德基洋行）旧址

地址：广西路 27 号
曾用途：商住楼
现用途：住宅
建造时间：1901—1902 年建造一、二层，1905 年增筑三层及塔楼
建造者：朗德曼

朗德曼商业综合楼（德基洋行）旧址

朗德曼商业综合楼（德基洋行）旧址上人口

　　位于广西路、安徽路路口西北转角的商业综合楼是由经营光学仪器和珠宝的商人朗德曼在1901—1902年建造的，他在综合楼的底层拥有一家经营手表、珠宝和金银等物品的商店。

　　最初建造的是一个平顶两层楼（现一、二层），1905年增筑为带阁楼的三层楼。建筑平面为"L"形，砖石木结构。东南两个立面各起一面高大的山墙，山墙下的二、三层阳台出挑，东南转角处设塔楼（重建），红瓦坡屋面，南侧屋面上设三个造型别致的老虎窗。主入口位于建筑的西南角，设木质雕花扶梯栏柱，东南转角处次入口的门楣上，装饰有其房主姓名缩写"G. L."的浮雕。塔楼、挑楼和山墙，这些最常规的表达方式使建筑突出了高直感，立面上繁杂多变的装饰又富有巴洛克风格。

　　与此建筑东侧一路之隔的红色清水墙建筑，为1901年建造的胶澳皇家邮政局旧址。

D05

胶澳皇家邮政局旧址

地址：安徽路 5 号
曾用途：邮政局
现用途：青岛邮电博物馆
建造时间：1901 年

胶澳帝国邮政局旧址西南立面

胶澳帝国邮政局旧址东南立面

1898年1月26日，德国海军在青岛设立的邮政代办所开业。一封发自"Tsintanfort（青岛要塞）"、将青岛错译为"Tsintan（青坦）"的电报也于同日从这里发出。

1898年5月，海因里希亲王访问邮政所后，提出建造一座独立的邮政大楼的要求。随后，德国胶澳总督府与罗达利洋行商定建造邮政大楼，并以每年付租费的方式租用。直至1910年11月22日，邮政局以25万马克买下了这栋楼房和2 563平方米的地块。

1901年5月16日，邮政大楼建成并启用，皇家邮局正式迁入了这座位于阿尔伯特大街与海因里希亲王大街的大楼。这座漂亮大楼的一层设为邮局的营业厅，二、三层则为雇员的宿舍。

1914 年 8 月 23 日，日德青岛之战爆发，邮政局于 11 月 5 日停止工作。11 月 16 日，邮局由日军接管。

胶澳皇家邮政局旧址建筑面积约为 1 491 平方米，主体三层，砖木结构。二、三层为凹廊，立面原为红砖清水墙，护墙和拱券则做成浅色清水粉墙。两个面向道路交叉口转角处高起带有巴洛克风格的塔楼，突出了面向街口的转角。两处山墙体强调了建筑的侧面。屋顶为红瓦屋面，设有弧形老虎窗。主入口位于两座塔楼之间，面向西南。该建筑于 2000 年进行了复原维修，外立面复原了初建时的原貌。

沿胶澳皇家邮政局旧址东侧的莒县路上行，这一区域多为德式建筑。莒县路，曾名梯尔庇茨大街、忠海町。这是一条与东边的日照路（毕洛夫大街、熊本町）对称着从总督府广场上放射出来的一条街道。每到秋季，两侧的银杏行道树会将街道变成金黄。

莒县路西侧1—3号为约建于1906年的住宅楼和1900—1901建造的馥香洋行旧址。马路东侧2—4号为橡树饭店旧址和毛利公司及住宅旧址。

D06

馥香洋行旧址

地址：莒县路 1 号
曾用途：住宅
现用途：民居
建造时间：1900—1901 年
建造者：朗格纳兄弟

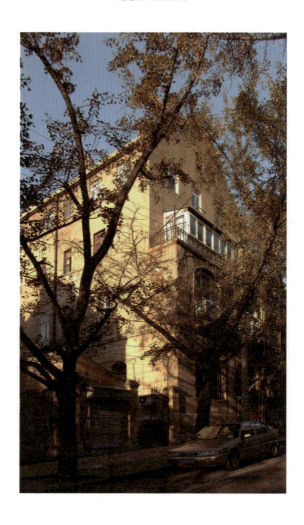

从《胶澳发展备忘录（1900 年 10 月至 1901 年 10 月）》中附带的照片上看，馥香洋行旧址当时已建成。

该建筑平面为"口"字形，楼高三层带阁楼，地下一层，红瓦屋面，花岗石砌基。仅从它的高度和占地面积的比例上看，它给人的印象像座塔。正立面东侧临莒县路，上部起前后对称的曲线山墙，东立面二层上的两个起券大阳台几乎占满了整个墙面。主入口位于南侧中部，临街设带有缩写字母的铁艺大门（现已不存）。

D07

橡树饭店旧址

地址：莒县路 4 号
曾用途：橡树饭店
现用途：住宅
建造时间：1900—1901 年

橡树饭店旧址

今莒县路4号橡树饭店旧址的外观，经增筑和改造后与历史照片上的橡树饭店变化较大。

橡树饭店旧址大致呈东西走向临街布置，建筑平面为矩形。初建时为错层式建筑，东半部楼高二层，带阁楼，孟沙式屋顶上覆红瓦，立面采用了对称式。主入口位于中部，两侧各设一处券窗；二层两侧各设两处窄方窗；中部主入口上方设三角形挑窗一处。西半部楼高一层，带地下室。顶部为宽敞的露台。主入口位于建筑西南角，2根多立克式石柱承托出券式门廊。外立面施以大面积粉墙，门楣、窗眉以及线脚等处施以红砖装饰，整栋建筑红白相间，线条清晰明快。

贝麦曾在1906年版《青岛及其周边旅游指南》中写道："德国橡树宾馆，位于梯尔庇茨大街，有餐厅、台球房、俱乐部和9间客房。公寓价每人每天4银圆，双人6银圆；每人每月90银圆，双人120银圆；长期则有优惠价。"

D08

毛利公司及住宅旧址

地址：莒县路 2 号
曾用途：商住楼
现用途：住宅
建造时间：约 1903 年
建筑师：毛利

毛利公司及住宅旧址

毛利公司及住宅旧址窗饰

　　毛利公司及住宅旧址楼高二层带阁楼，花岗石砌基，红瓦坡面屋顶，上开两个老虎窗。主立面面北，檐口和门窗套均施以花岗岩石条镶嵌，两翼起山墙，一层开券窗，二层设中间带有立柱的阳台。主入口位于西端山墙下，花岗岩方石铺地，木质雕花扶梯。

D09

胶澳皇家高等法院旧址

地址：德县路 2 号
曾用途：日军青岛守备军军政署、青岛民政署、
胶澳商埠青岛地方审判厅、青岛地方法院、
山东高等法院青岛分院、青岛市中级人民法院等
现用途：青岛市市南区检察院
建造时间：1914年
建造者：德国胶澳总督府
建筑师：汉斯·费特考

胶澳帝国高等法院旧址东北立面

上图——胶澳帝国高等法院旧址南立面
下图——胶澳帝国高等法院旧址东南立面

位于总督官署旧址广场西侧的胶澳皇家高等法院旧址是德租青岛时期最后完成的公共建筑之一。这座造价不菲、体量庞大的建筑于1912年春天开工，因负责施工的广包（西米特）公司的工期超过了规定时间6个月，大楼的建造历时两年，直至1914年的4月份才正式投入使用。建筑立面摒弃了古典柱式，趋向实用和朴实无华。

这座大楼的建筑面积约为3126平方米，建筑平面为"L"形，主体二层，局部三层，建有地下室和阁楼。粗面花岗岩勒脚，黄墙面做竖向划分，立面的窗体深入墙体50厘米左右，檐口为条石，红瓦孟莎式屋顶。为配合街道，建筑主体东北角转角为弧状。主入口位于大楼东侧，门楣装饰有橡树叶纹样的木雕。内厅高6米，厅内设一巨大的石椅，有石制栏柱的"U"形楼梯通往二楼。有大小审判庭、办公室等房间31处。

1914年11月，日本占领青岛后在此设立青岛军政署。1917年1月，军政署撤销，设立青岛民政署。1922年12月，成立胶澳商埠青岛地方审判厅。1929年4月，改称青岛地方法院。南京国民政府在1946年1月恢复了山东高等法院第二分院和青岛地方法院。1948年1月，山东高等法院第二分院改为山东高等法院青岛分院。1950年7月11日，青岛市人民法院宣布正式成立。1956年1月，改为山东省青岛市中级人民法院。现为青岛市市南区检察院，是青岛市文物保护单位。

D10

胶澳总督府旧址

地址：沂水路 11 号
曾用途：德国胶澳总督府、日本青岛守备军司令部、
胶澳商埠督办公署、青岛特别市政府、伪青岛治安维持会、
伪青岛特别市公署、伪青岛特别市政府、
青岛市人民政府等
现用途：青岛市人大常委会（办公楼）
建造时间：1904—1905 年
建造者：德国胶澳总督府
建筑师：弗里德里希·马尔克

胶澳总督府旧址

胶澳总督府旧址

上图——胶澳总督府旧址壁柱柱头
下图——胶澳总督府旧址门厅及楼梯

从 1898 年 9 月 2 日德国胶澳总督府推出的青岛历史上第一份城市规划方案图上看，德国胶澳总督府的选址就已经确定。

胶澳总督府于 1904 年 7 月开工，1905 年内落成，1906 年春交付使用。该建筑北依观海山，南面青岛湾。建筑平面中轴对称，呈"凹"字形，东西长 80 米，南北长约 40 米，主体高四层，约 20 米，底层为半地下式。主立面为欧洲文艺复兴时期的三段式，设有爱奥尼式柱头方壁柱的两层券廊留有古典柱式痕迹。建筑以砖石木结构为主，局部为钢梁混凝土，外墙饰面为花岗石砌筑。主入口位于南侧中部，39 级台阶之上是二层门庭和两层敞开式大厅和圆拱顶。该建筑工程巨大，从选址、设计到建造，无处不精心。建造初期，建筑师甚至在建筑主立面前的相应位置，以 1：1 的比例制作了主立面局部模型，来作为细部式样的建造标准。日德青岛之战中，总督府西立面局部曾在日本人的炮火下严重损毁。

1914 年 11 月，日本占领青岛，总督府被改为日本青岛守备军司令部。1922 年 12 月，中国收复青岛主权，成立胶澳商埠督办公署。1929 年 7 月，青岛特别市政府在此成立。1938 年 1 月，日本再次入侵，先后于此成立伪青岛治安维持会、伪青岛特别市公署和伪青岛特别市政府。1945 年 8 月，日本战败投降。同年 9 月，又重新改为青岛特别市政府。1949 年 6 月 2 日，青岛解放。新中国成立后，这里曾先后作为青岛市人民政府办公楼、青岛市人大和政协办公楼使用。1995 年，被批准为国家级重点文物保护单位。现为青岛市人大常委会办公楼。

以胶澳总督府旧址为界，东侧为沂水路（迪特里希街、赤羽町），西侧为德县路（霍恩洛厄街、治德通）。这两条路以及周边街道是德式建筑较为集中的区域。

　　沿德县路西行至安徽路路口街区，具有代表性的德式建筑为德县路4号的路德公寓（禄宾馆）旧址、德县路3号的克列纳公寓旧址、德县路7号的波特尔公寓旧址等建筑。

D11

路德公寓（禄宾馆）旧址

地址：德县路 4 号
曾用途：路德公寓、若槐医院、青岛市卫生局
现用途：办公楼
建造时间：1906 年
建筑师：罗克格

路德公寓（禄宾馆）旧址

路德公寓（禄宾馆）建于 1906 年，设计者是基督教堂建筑师罗克格。其所在的德县路是当时青岛最漂亮的街道，规定只准建造花园别墅。

1906 年版的《青岛及其周边旅游指南》中写道："路德家庭公寓，位于霍恩洛厄大街（今德县路），公寓每人每天 6 银圆，全家则享受优惠，长期居住同样优惠。房间加早餐每人每天 4 银圆。"

1910 年，一个来自天津的英国公司老板认为，这座德国风格的宽敞公寓堪称一流——现代化设施令人舒适，价格适中，女主人也和蔼可亲，对待客人殷勤周到，他们在这里度过了非常愉快的时光。20 世纪 30 年代，此处为日本人经营的若槻医院。20 世纪后半叶，曾为青岛市卫生局。

该公寓建筑面积为 1 600 平方米，砖木结构，楼高二层，设有地下室和阁楼。屋面上设有带 6 个木立柱和木雕花纹窗眉的老虎窗，立面为对称式。主入口位于临德县路的东北侧，顶部的老虎窗上装饰有爱奥尼式木立柱和木雕花纹，门庭上部是木质凹廊。公寓的一楼有 4 间带外廊的客房，北面是客厅和餐厅，其下方的地窖里设有厨房。公寓的南面有一座网球场，西边则设有车房。

D12

克列纳公寓旧址

地址：德县路 3 号
曾用途：私人住宅、出租公寓
现用途：住宅
建造时间：1902 年
建造者：克列纳

克列纳公寓旧址

克列纳公寓旧址西南侧

　　德县路3号住宅为进出口商哈拉尔德·克列纳在1902年所建。克列纳在当时华人聚居的大鲍岛区经营着一家进出口公司。因另有住处，克列纳在德县路买地建房的目的并不是供自己使用，而是用于出租。1902—1904年，督署牧师舒勒曾在此暂居。

　　克列纳公寓旧址是德国文艺复兴复古形式在青岛最具典型的代表之一。这栋体量不大的楼房，西立面起山墙，侧立面的山墙顶为折角式，仿木结构装饰墙面，红瓦坡屋面上又起老虎窗。建筑底层设具有欧洲特色的明廊。主入口位于西北侧，内设楼梯和中厅。二楼东立面更接近于挑楼的全木制阳台，以及南立面造型别致、富于变化的装饰性山墙和老虎窗，无不体现着复古风格。

D13

波特尔公寓旧址

地址：德县路7号
曾用途：井上美畅住宅
现用途：办公楼
建造时间：1906年

波特尔公寓旧址

左图——波特尔公寓旧址西立面
右图——带有年号的主入口铁艺门饰

　　从 1913 年的土地登记上看，德县路 7 号住宅的业主是建筑商卡尔·波特尔。波特尔在 1900 年到达青岛成为伯恩尼克的合伙人。他们的公司承揽了大港码头建设中的土石方工程。波特尔在青岛的 10 余年时间里曾购置了多处土地。波特尔公寓在 20 世纪 30 年代曾为井上美畅所有。

　　该建筑具有哥特式的门窗，主入口位于东侧，门面格心上的铁艺装饰上有"1906"字样，西南角设有塔楼（现已不存）。

德县路与安徽路（阿尔伯特街、大村町）路口西北转角处的德县路23号为密斯住宅旧址。由这个路口右转进入安徽路，安徽路21号为福柏医院旧址。

D14

密斯住宅旧址

地址：德县路 23 号
曾用途：住宅、青岛市卫生防疫站
现用途：建筑设计事务所
建造时间：约 1905 年

密斯住宅旧址

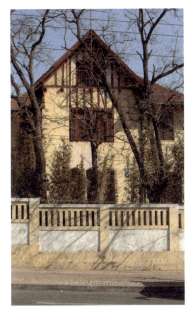

左图——密斯住宅旧址南立面
右图——密斯住宅旧址主入口

　　德县路在德占时期两旁多为德侨住宅。1908年，广包（西米特）公司经理康拉德·密斯曾在此居住，直至1912年。从1913年的地籍地图上看，该建筑当时已经归属华人李梅荪。

　　密斯住宅旧址属欧洲古典田园式风格，平面设计呈不规则状。建筑面积约为920平方米，楼高三层，地下一层，砖石钢结构。红瓦坡屋面，花岗石砌基，立面做仿木构式装饰，上部起山墙，墙面开木制矩形窗，院门南向，主入口位于建筑的西侧，西南角有阳台。室内木板地和雕花木制扶梯。房间高约4米，设客厅、卧室、卫生间、起居室等，客厅内有壁炉。

D15

福柏医院旧址

地址：安徽路 21 号
曾用途：福柏医院、青岛市人民医院
现用途：青岛皮肤病医院
建造时间：1907 年始建，1934 年扩建，1946 年改建

福柏医院旧址

福柏医院旧址窗饰

　　福柏医院是由一个在青岛居住的德国市民组织——"在青岛建立和经营一所公共医院协会"创办的。医院主要为在青岛的欧美人士提供医治和疗养服务。

　　协会在当地德籍居民中募集资金，购买了崂山街（今安徽路北段）与霍恩洛厄街（今德县路）路口这一当时青岛市区最卫生、清洁的地段，占地约8 432平方米。医院房屋样式是最新颖的，外科手术室添置的大量新设备和先进的X光检查室都是由青岛的德国公司或个人自愿捐赠。医院的11间病房都带有阳台，拼花水磨石地面，并设双层门窗。院内设有各种浴室、按摩室，可提供按摩和蒸汽浴等理疗服务。

　　1946年冬，由于用火不慎，福柏医院漂亮的复折式屋顶被焚毁。1950年，该院改称青岛市人民医院。1970年，又在原医舍的南面增建了新的门诊大楼。现为青岛皮肤病医院。

继续沿安徽路上行，经过花岗石板铺面的黄岛路至安徽路顶端的安徽路、济宁路、平原路路口，沿其右侧的平原路东侧一条72级的石阶路上到顶端，左侧一座独立的塔式建筑便是建于日据时期的望火楼旧址。再由望火楼南侧便可上到观象山上。

右图——望火楼旧址

D16

望火楼旧址

地址：观象一路 45 号
曾用途：消防预警塔
现用途：闲置
建造时间：约 1920 年

上图——望火楼旧址远眺
下图——望火楼旧址内部螺旋楼梯

八边形的望火楼，坐落于海拔高度79米的观象山西侧，地上三层，楼高18米，砖混结构。建筑底部和西侧的主入口均为方石叠砌，主入口上部为拱券硬山顶。一层内部，环绕于塔身内壁上的螺旋台阶涌往二层；二层空间狭小，天花板中心设有一个仅能容一人通过的方形通道，地面中心竖立简易铁梯通往三层；三层为上覆盔顶由8根圆柱挑起的透空式观察瞭望台，在此派人员值守，对大鲍岛、聊城路等其他可视区域实施火情预警。

望火楼的建造年代不详。有传说是在德租时期由德国建筑师罗克格设计于1905年，但时至今日，未在德租青岛17年和日本第一次占领青岛的早期的多份图文中找到任何记载。同时，在详细记录了罗克格1903—1929年的工作生活包括其建筑作品的网站中也没有看到这座望火楼的相关记录。目前，仅从一组出版于20世纪20年代初的明信片中才看到该建筑来推测，望火楼应建于1920年前后。

观象山，德租时期名为"水道山"，因青岛第一座自来水蓄水池设立于此而得名。观象山上圆形穹顶的建筑为青岛观象台。其南侧，一座体量不大、具有苏俄风格的建筑为中国水准原点房。水准原点房东侧，通体由花岗岩砌筑、宛如城堡的建筑，为德租后期建于1912年的胶澳观象台旧址。

D17

青岛观象台

地址：观象山
建造时间：1930—1931 年
建造者：中国研究院青岛观象台

青岛观象台

新天文臺記

民國十九年七月開地觀察
山西巔建新入文臺於臺
三層覆以圓頂心至新騎木
通得償為摧洋天圓式法國
澱林工廠裝有透鏡二
一攜形用程三十二公之一
目間用程二十分係值
共金二千七百六十四磅約圖幣
高二千鉅九中華教育文化
基金董事會所補助此臺成远
其厎嗟　閔侯蔣白先照身書

青岛观象台碑记

观象山海拔 79 米，山势和缓，顶部平坦，于 20 世纪 30 年代初被辟为公园，有"穹台窥象"之誉，曾被列为青岛十景之一。今中国科学院紫金山天文台之青岛观象台便坐落于此。

1931 年 10 月建成的这座高 14 米、直径 8 米的圆顶天文观测室，是中国自己建造的第一座大型天文观测室。圆柱体的天文观测室建筑为花岗岩砌筑，顶部设开启宽度为 1.2 米的观测窗。钢结构的球状体 9 分钟转动一周。这里安装有德国制造的焦距为 3.58 米、口径为 32 厘米的大型天文望远镜等。

青岛观象台是近代远东三大观象台之一，在近代中国气象、海洋科学发展中具有重要地位。

D18

中国水准原点房

地址：观象山
建造时间：1954 年
建造者：中国人民解放军总参测绘局

中国水准原点房

中国水准原点房细部装饰

　　20世纪50年代，我国根据青岛验潮站提供的数据，把1956年的黄海平均海水面定为海拔基准面。中国永久性水准原点就设在这座体量不大但极其别致的建筑里。作为国家测绘局确定的中华人民共和国水准原点，这里代表中国的海拔起点，全国各地的海拔高度皆由此点起算。

D19

胶澳观象台旧址

地址：观象山
曾用途：青岛测候所
建造时间：1912年
建造者：德国胶澳总督府
建筑师：舒备德

胶澳观象台旧址西南立面

据《胶澳发展备忘录》记载，德国人于1898年6月初在青岛开始了气象探测。气象站于1898年6月15日起开始工作，为进行天文观测，在今青岛市公安局西北部建立了一个观象台和一座报时台，并于1898年9月2日首次使用了报时信号球装置进行报时。

1904年夏，今观象山上建造起两栋临时性的房子，以便安置工作人员和天文钟等器材。新的报时球信号架和一座装气象仪器的小房子在3月和4月两个月中建造成功，并于4月29日交付气象台。气象台于1905年5月1日迁往今址。

1908年10月—1909年10月间，观象台新楼开始筹建。

1910年，由海外海军协会捐助的观象台开始建造。

1912年1月，由花岗石砌筑的、城堡式的观象台主楼建成并投入使用。

1914年日占青岛后，改称"青岛测候所"。1924年，改称青岛观象台。1938年日本第二次占领青岛后，被再度强占。1945年抗战胜利后，归还中国。

1949年后，由海军接管。

沿胶澳观象台旧址前的观象二路（千叶通）下山，道路转弯处的观象二路 10 号，一座约建于 1912 年的德式建筑，为蒋丙然故居。1924 年 2 月，蒋丙然代表中央观象台接收日据青岛测候所，并出任青岛观象台第一任台长。尽头的观象二路 1 号，那红墙、红顶、红钟楼的建筑，为 1941 年建造的圣保罗教堂。

圣保罗教堂对面的胶州路 1 号为青岛市市立医院（本部）。在德租青岛之前，驻防青岛的清军的弹药库曾设立于此。医院东侧与上海路转角处的建筑为 1919 年建成的普济医院旧址。

普济医院是日据青岛时期的一座综合性医院，由三上贞设计。1922 年，中国政府收复青岛后，医院更名为胶澳商埠普济医院。1931 年 2 月，更名为青岛市市立医院。今青岛市市立医院是青岛最大的综合性医院之一。

D20

圣保罗教堂

地址：观象二路 1 号
曾用途：基督教堂
现用途：基督教堂
建造时间：1941 年
建造者：鲁东信义会
建筑师：尤力甫

圣保罗教堂

上图——圣保罗教堂正门
下图——圣保罗教堂大堂

圣保罗教堂位于观象山北侧，处于江苏路（俾斯麦大街、万年通）、胶东路、热河路（德意志街、大和町）、上海路、胶州路、观象二路六条道路交会处西侧。于 1938 年由鲁东信义会兴建，由白俄建筑师尤里甫设计，建成于 1941 年。建筑面积 1 481.95 平方米，砖木结构，地上二层，地下一层，平面呈"L"形，由教堂、钟楼和教会楼三部分组成。屋面为红瓦坡面，墙体为红砖砌筑的清水墙，白色水泥勾勒，底部为花岗石勒脚。作为建筑重点的方形钟楼高耸于教堂东侧。内部大堂高 10 米，面积 200 余平方米。圣保罗教堂属罗马风格建筑，现为青岛市文物保护单位。

青岛老建筑之旅路线图：E

E01

祥福洋行地产公司公寓楼旧址

地址：广西路 9—11 号
曾用途：公寓住宅
现用途：住宅
建造时间：1901 年
建造者：祥福洋行地产公司

祥福洋行地产公司公寓楼旧址

上图——祥福洋行地产公司公寓楼旧址内木制楼梯
下图——祥福洋行地产公司公寓楼旧址南入口

祥福洋行地产公司公寓楼旧址西侧入口

　　祥福洋行地产公司公寓楼旧址地上三层，地下一层，立面通体为清水墙。入口分设于建筑中部和西侧，设砖砌罗马式立柱；中部入口两侧花岗石柱头上雕有中式道家阴阳鱼纹，并设砖雕牛腿、木雕大门；顶部起山墙。西立面窗眉是带有精美花纹的砖雕，内部楼梯为雕花扶手。南向的立面采用了拱券式的明廊，屋顶为带有中国风格的歇山顶。西侧入口屋顶处原有一座具有北德风格的装饰性尖顶塔楼，后于 20 世纪 60 年代拆除。

E02

皮哈利商业综合楼旧址

地址：广西路 9 号
曾用途：皮哈利商业综合楼
现用途：住宅
建造时间：1903 年
建造者：皮哈利

皮哈利商业综合楼旧址

皮哈利商业综合楼旧址带有建造年份的山墙

皮哈利商业综合楼旧址建于 1903 年，是一座由 7 个开间连排券式外廊柱构成、简洁明快的商业综合楼。该建筑占地面积约 800 平方米，平面为矩形布局，楼高二层，上设阁楼，下设地下室，砖木结构，是德占青岛时期较有代表性的公寓建筑。主入口位于建筑南侧的中部，装有雕花木门；西南角设有一处通往后院的门洞；后院中设附房。主立面为中轴线对称式，两侧起曲线形山墙，斑驳的山墙上隐约可见 "1903" 字样，下部阳台设有铁艺装饰。墙裙处砌筑花岗岩方石，红瓦坡屋顶。

皮哈利商业综合楼旧址东边的路口为青岛路。广西路与青岛路路口东北转角的建筑是 1912 年建造的马克·齐默尔曼住宅（德国领事馆）旧址。

E03

马克·齐默尔曼住宅
（德国领事馆）旧址

地址：青岛路1号
曾用途：德国领事馆
现用途：南园孔子纪念馆
建造时间：1912年
建造者：马克·齐默尔曼

马克·齐默尔曼住宅（德国领事馆）旧址

马克·齐默尔曼住宅（德国领事馆）旧址临街大门

马克·齐默尔曼住宅（德国领事馆）旧址主入口

据 1913 年进行土地登记时的记录显示，这座别墅被记在俄国畜产商人马克·齐默尔曼的妻子薇拉名下。约在 1917 年，该房被担任驻华领事的俄国人奥尔格购买。1926 年 12 月，德国政府决定在青岛设立领事机构时，从一个住在上海的俄国律师手中租用了该房。在此后的近 20 年里，德国领事馆一直设在这座住宅当中。1945 年 5 月，德国驻青岛领事馆关闭。二战结束后，曾任青岛实业银行总经理和银行公会理事长的孔祥勉购买了这幢住宅，并将其命名为"南园"，供自己和家人居住。1986 年，其后人将房屋捐赠予政府，并设立南园孔子纪念馆，陈列孔子画像和相关的著作与文献。

这座建筑所在的位置是青岛市区中最好的区域。建筑呈自由式布局，建筑面积约为 1 165 平方米，砖石木结构，楼高三层，带有阁楼与地下室，西南转角处设墨绿色八角形塔楼，下部的弧形墙体上开有两组竖窗。南立面和西立面起山墙。主入口位于塔楼的下方，全部用花岗石砌饰的拱门起到了强调作用。

E04

圣言会住宅旧址

地址：广西路 5 号
曾用途：芬兰领事馆、姬宝璐住宅
现用途：住宅
建造时间：1903—1904 年
建造者：圣言会

圣言会住宅旧址

圣言会住宅旧址内木质扶梯

    1898年9月，德国胶澳总督府开始向个人和公司出售土地后，圣言会也投入了资金购置土地，并于1903—1904年，在今广西路5号投资建造了这处别墅。1941—1948年，该建筑曾被出租给芬兰驻青岛的领事馆。领事馆关闭后，该建筑成为青岛天主教会意大利籍神父姬宝璐的住宅。

    圣言会住宅旧址共两层，设计上采用了对称式布局的手法，建筑面积约为1 367平方米，砖石木混合结构。坐北面南，楼高二层，一层分两座门廊，门廊前设宽为6米的10级阶梯，上部设阳台，两侧为外突山墙，窗洞为券式。

经过马克·齐默尔曼住宅旧址、圣言会住宅旧址和日照路（毕洛夫大街、熊本町）路口，前方左转为江苏路（俾斯麦大街、万年通）。江苏路是德租早期建设的一条主要街道，东侧为1914年前建造的三座德式别墅建筑。西侧，位于江苏路与湖南路（依雷妮大街、久留米町）路口西南转角处的青砖清水墙、带有两座绿色尖塔的建筑，为1899年建造的安治泰主教公寓旧址。从安治泰主教公寓旧址沿湖南路西行，街道两侧多为德式建筑。

E05

安治泰主教公寓旧址

地址：湖南路 6 号
曾用途：公寓住宅
现用途：住宅
建造时间：1899 年

安治泰主教公寓旧址

安治泰主教公寓旧址带有建造年份的石雕

　　青砖灰瓦的安治泰主教公寓旧址建于1899年，是青岛早期建筑之一，其设计者很可能是来自慕尼黑的建筑师贝尔纳茨。这幢拼连式的公寓内部是两套相对独立的住宅。在20世纪20年代，该住宅的东半部为刘子山名下的东莱银行所有，曾连同内设的全套德式家具被出租。住宅的西半部分从1927年至1937年为一所德国学校使用。

　　该建筑的平面为矩形，砖木钢混合式结构，层高3.8米，占地面积为2 397平方米。入口位于东西两侧，门楣上各镶有花岗石雕刻的"1899"字样，顶部原建塔楼损毁，现塔楼为2008年按原样重建。花岗石镶嵌转角，矩形的窗用条石嵌套。整座建筑因为是建在坡地上，所以北立面二层，南立面三层，设有外廊并装饰有精美的木雕栏杆。

E06

里特豪森住宅（大森洋行）旧址

地址：湖南路 11 号
曾用途：如心医院、伪警察局长住宅
现用途：幼儿园
建造时间：1901 年

里特豪森住宅（大森洋行）旧址

里特豪森住宅（大森洋行）旧址外部装饰

进出口商人里特豪森 1898 年来到青岛，并开设了进出口公司大森洋行。1901 年，他在湖南路上建造了这座住宅。1932 年，西医姜如心大夫在此开办如心医院。日伪时期，该楼曾为伪警察局长住宅。

里特豪森住宅（大森洋行）旧址为砖石木结构，楼高二层，中部三层，建筑面积 620 平方米，花岗石砌基。主立面位于南侧。登 8 级石阶至门庭，入口门廊设有 4 根圆柱，顶部起山墙，红牛舌瓦屋面。檐上部和顶部转角处的 8 个花岗石立柱使建筑在严谨中又有变化。一、二层起券窗，室内有雕花木制门窗和扶梯。

E07

伊伦娜大街美国长老会住宅旧址

地址：湖南路 13 号
曾用途：住宅
现用途：住宅
建造时间：1901 年

伊伦娜大街美国长老会住宅旧址

伊伦娜大街美国长老会住宅旧址建筑平面为正方形、楼高二层，从建成后的老照片上看，其最大的特点是中式的屋顶。

　　临街主立面一层为四连拱敞廊，主入口位于东侧第二拱内。两端转角上的角柱和中间三个檐柱将二层立面分割为四个空间，各柱间设有木制栏杆，檐部设中式木雕镂空花格，西侧两个空间为敞廊，东侧封堵为两个方窗。屋面为五脊、四坡的中式庑殿顶，并覆中式灰瓦。与中式建筑有所不同的是屋面上的老虎窗和高起的烟筒。

E08

伊伦娜大街
祥福洋行地产公司公寓旧址

地址：湖南路 15 号
曾用途：住宅
现用途：住宅
建造时间：约 1910 年

伊伦娜大街祥福洋行地产公司公寓旧址

伊伦娜大街祥福洋行地产公司公寓旧址扶梯上的装饰木雕

　　建筑立面对称，是伊伦娜大街祥福洋行地产公司公寓旧址的明显特征。该建筑平面为"凸"字形，楼高两层，带阁楼和地下室，两个主入口分设于东西两侧。立面两翼高起曲线山墙，中部一层、二层各设方形和券式内阳台。墙面施以粗糙的水泥原色拉毛面和白色的平滑面造型装饰，形成漂亮的对比关系。

E09

曼弗雷德·齐默尔曼住宅
（英国领事馆）旧址

地址：沂水路 14 号
曾用途：英国领事馆
现用途：民居
建造时间：1910 年
建造者：曼弗雷德·齐默尔曼

曼弗雷德·齐默尔曼住宅（英国领事馆）旧址

曼弗雷德·齐默尔曼住宅（英国领事馆）旧址南立面上的挑窗

曼弗雷德·齐默尔曼住宅（英国领事馆）旧址建于 1910 年，20 世纪三四十年代曾为英国驻青领事馆。建筑立面使用了规矩的对称式设计手法，屋顶的坡面面积很大，接近屋檐处进行了折坡处理，并开有阁楼窗。初建时，建筑占地约 800 平方米，地上二层，地下一层，中部依然是外突的山墙形式，只是在二层采用凹廊式的外窗，寻求虚实对比，增加变化。

从曼弗雷德·齐默尔曼住宅（英国领事馆）旧址的西侧再次来到胶澳总督府旧址，由此右转至沂水路。街道北侧第一栋建筑为建于1899年的德国海军第三营营长官邸旧址。官邸旧址东侧的沂水路7号为椿德利街捷成洋行别墅旧址，沂水路5号为筑港工程师施迪克弗特别墅旧址，沂水路3号为格尔皮克 - 科尼希别墅旧址，沂水路1号则是美国领事馆旧址。

E10

德国海军第三营营长官邸旧址

地址：沂水路 9 号
曾用途：胶防司令官邸、栾宝德住宅等
现用途：办公楼
建造时间：1899 年
建造者：德国胶澳总督府

德国海军第三营营长官邸旧址东南立面

上图——德国海军第三营营长官邸旧址南立面
下图——德国海军第三营营长官邸旧址西南立面

位于沂水路上的德国海军第三营营长官邸旧址建于1899年。根据华纳在达姆施塔特档案馆找到的设计图纸，这座官邸在当时被称为11号官邸。在未建伊尔蒂斯兵营之前，士兵驻扎在原清军的营房，军官则住在市内欧人区的官邸里。这里是德国常驻青岛的海军第三营历任营长的官邸，约翰内斯·克里斯特少校当时就住在这座房子里。1912年，改称营部官邸。1914年后，官邸成了日本守备军的军官住宅。1923年青岛回归后，此处曾为胶防司令部长官孙宗先住宅。后被胶济铁路管理局买下，成为总办栾宝德的住宅。

官邸旧址的设计风格就像是一座德国国内的别墅，建筑面积约为1 515平方米，砖石木结构，红瓦坡屋顶。条石是立面上的主要装饰材料，且大量应用于转角、窗套、山墙上。西南角设与转角成45度的凸窗，顶部并排两个绿色盔状屋顶，西部和东南部设有木质外廊。主入口设在东南角，中厅是宽敞的楼梯厅堂，楼梯有两尊雕刻精美的狮形木雕栏柱。书房、交谊室和客厅设在一楼南侧，餐厅在西面，厨房和餐具室在北面。后部的塔形附属建筑内设供仆人使用的楼梯。二楼以上设有卧室、衣帽间、更衣室和浴室以及杂役人员住的阁楼层。

左图——德国海军第三营营长官邸旧址东南角塔楼

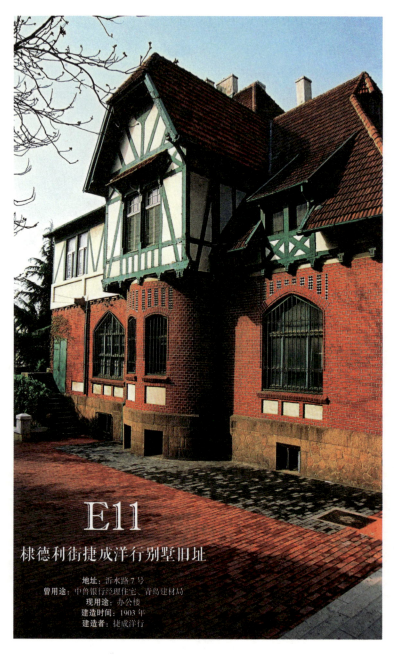

E11

棣德利街捷成洋行别墅旧址

地址：沂水路7号
曾用途：中鲁银行经理住宅、青岛建材局
现用途：办公楼
建造时间：1903年
建造者：捷成洋行

　　　　　　　　　　　　　棣德利街捷成洋行别墅旧址

棣德利街捷成洋行别墅旧址铁制扶栏

位于现沂水路 7 号的这座别墅是德国捷成洋行建造的别墅。捷成洋行成立于 1898 年，由来自汉堡的叶布森和来自基尔的迪德里希森创立。该公司拥有当时青岛最大的砖瓦厂，在青岛还拥有其他多处房产。这幢田园式独立住宅，楼高二层，红瓦屋顶，花岗石砌基，一层为清水墙，二层外墙为露半木构架形式，局部外挑，"X"形桁架斜承结构具德租早期的建筑特点，墙面局部装饰带有图案的釉面瓷砖，南立面顶部原有塔楼（现已不存），主入口位于东南角。整幢建筑典雅华丽，具德国中古时期风格。

E12

施迪克弗特别墅旧址

地址：沂水路 5 号
曾用途：青岛麦加利银行（渣打银行）经理住宅、青岛建设局
现用途：办公楼
建造时间：1904—1905 年
建造者：约翰·施迪克弗特

施迪克弗特别墅旧址南立面

施迪克弗特别墅旧址北立面

施迪克弗特别墅旧址建造于1904—1905年，最初的主人是约翰·施迪克弗特。1898年，施迪克弗特受雇于德国海军来到青岛，参与大港的建造。1914年11月日本占领青岛后，别墅被守备军当局占为己有。1925年，在青岛开设分行的英国麦加利银行（渣打银行）购买了这幢别墅。1941年12月，太平洋战争爆发，青岛麦加利银行（渣打银行）的英籍经理被日本军事当局拘捕，住宅也被没收。1945年8月，日本战败投降，别墅仍归麦加利银行（渣打银行）所有。

该建筑的设计严谨精细，属别墅建筑，楼高三层，地下一层，建筑面积约为1 506平方米，砖石木结构。红瓦折坡式屋顶，南、西两个立面上部起山墙，凹阳台，窗台以下为花岗石砌筑。主入口位于东南角，一层设高8米、面积约200平方米的客厅，二层设敞廊。

E13

格尔皮克－科尼希别墅旧址

地址：沂水路 3 号
曾用途：格尔皮克－科尼希别墅、
日本青岛守备军山田少将官邸、青岛日报社幼儿园
现用途：住宅
建造时间：1899 年
建造者：德国胶澳总督府

格尔皮克－科尼希别墅旧址

左图——格尔皮克－科尼希别墅旧址塔楼
右图——格尔皮克－科尼希别墅旧址内雕有龙纹的花岗岩立柱

　　格尔皮克－科尼希别墅旧址建于1899年，是德国胶澳总督府为那些短期在青岛工作的高级官员所准备的暂居公寓。别墅的首位房客是大法官格尔皮克博士。1902—1907年住的是总督府野战医院院长——海军军医哈里·科尼希。1913年，蒙古王公升允曾在此暂居。1914年之后，曾为日本青岛守备军山田少将的官邸。

　　别墅的建筑面积约为637平方米，平面布局似两个叠错的正方形，砖木结构。塔楼平面呈正方形，上部逐渐内收，再立起为高耸的凉亭式正方形柱体，顶部收至尖塔状，其上安放风向标，风向标保存至今，斜坡屋顶上由红色牛舌瓦铺面。建筑主体高二层，主入口位于北侧，门厅内设有一根柱身上雕有中式龙纹纹样的花岗石立柱，颇具特色。

E14

美国领事馆旧址

地址：沂水路 1 号
曾用途：中国银行职员住宅、银行幼儿园
现用途：办公楼
建造时间：1912 年
建筑师：施耐德

美国领事馆旧址

美国领事馆旧址临街大门

美国在青岛设立外交办事机构的具体时间是 1906 年 9 月 16 日，直至 1911 年美国政府才正式把这一临时代办机构升为领事馆。1912 年，美国领事馆从今江苏路 10 号的俾斯麦大街美国长老会住宅旧址迁入这座建筑里。太平洋战争爆发后，美国领事馆在 1941—1945 年曾关闭，日本战败投降后复馆。1949 年 1 月，美国驻青领事机构将房子售予中国银行，迁往兰山路。半年后，美国领事馆宣布无限期关闭。

美国领事馆旧址平面像一个右转的"品"字，东窄西宽，主入口位于南侧，北侧小门和楼梯供仆人使用，地上二层，地下一层，建筑面积约为 1 108 平方米。

沂水路东端的小山上，高高的带有钟楼的建筑便是青岛基督教堂。

在美国领事馆旧址前暂且绕过眼前的基督教堂，由此右转，走上江苏路。路西侧江苏路12号，为约建于1904年的俾斯麦大街住宅旧址；其南邻的江苏路10号，为建造于1901年的俾斯麦大街美国长老会住宅旧址；其对面为1901年建成的皇家督署学校旧址。

E15

俾斯麦大街住宅旧址

地址：江苏路 12 号
曾用途：李德顺住宅、三井洋行经理住宅、高芳先住宅、青岛市人民检察院
现用途：办公楼
建造时间：约 1904 年

俾斯麦大街住宅旧址

俾斯麦大街住宅旧址北立面

俾斯麦大街住宅旧址约建于1904年。据1912年德国胶澳总督府的土地登记显示，此建筑当时为前津浦铁路总办李德顺的房产，房屋登记的所有人是李的德籍太太李柯氏。

该住宅的建筑面积约为560平方米，清水墙面，砖石木结构。楼高三层，地下一层，平面为自由式布局。造型别致的烟囱高耸在红牛舌瓦的斜坡屋面上，东立面起一面使用了仿木构结构的高大山墙，青年风格派的影响表现在了细部装饰上。主入口位于临街的东侧。门右侧上方设一雕有橡树叶纹样的花岗石浮雕牛腿，其他立面多处设有木构阳台。这座建筑立面装饰华丽、给人以强烈的视觉美感，充满了欧洲田园式住宅的韵味。

E16

俾斯麦大街美国长老会住宅旧址

地址：江苏路 10 号
曾用途：美国领事馆
现用途：住宅
建造时间：1901 年

　　　　　　　　　　　　　俾斯麦大街美国长老会住宅旧址

俾斯麦大街美国长老会住宅旧址俯瞰

俾斯麦大街美国长老会住宅旧址由美国长老会在1901年建造，曾为美国领事馆使用。1913年的土地登记显示，这座住宅当时的主人为长老会传教士卑尔根·穆勒夫妇。1935年，房屋的住户为俄国人果沙鲁夫，他在青岛一家叫作俄美牛奶农场的公司担任经理。果沙鲁夫也许只是这处住宅的租用者。在太平洋战争爆发之前，该建筑的业主一直为美国长老会。

此建筑为砖石结构，占地面积约为1 113平方米，楼高二层，地下一层，内设17个房间。东立面起山墙，四处转角镶嵌花岗石，顶部设有一个绿色的小尖塔状叠圆立柱。窗上起券，窗下装饰有绿色琉璃圆形栏柱。主入口有两处，分别位于南北两侧。其他细部设计精细，为当年经典之作。

E17

皇家督署学校旧址

地址：江苏路9号
曾用途：日本海军土木局、市立青岛江苏路小学
现用途：青岛实验小学
建造时间：1901年
建造者：德国胶澳总督府
建筑师：贝尔纳茨

皇家督署学校旧址

皇家督署学校旧址中式木雕装饰

　　皇家督署学校被俗称为"童子学堂"，其旧址的朝向不太符合中国传统建房的规范要求。虽背山面水、依坡而建，但离山和水都太远，东北方的信号山难以遮挡冬季的北风，且其主立面朝西。规矩的造型与宽大的坡屋顶，使其远远看去颇似一栋传统的中国式建筑。主楼为平面对称的矩形，中部二层，两侧的配楼为一层，正立面设有外廊。建筑主入口大门整齐排列有4根圆柱，挑起上部斜檐。顶层檐下的木质阳台设有中式纹样的透雕装饰。屋面中间设立老虎窗，强化了建筑中轴线的效果。两侧房屋前突。建筑风格属19世纪殖民地式，轻巧的斜坡屋檐外挑，又平添了南欧风情。

由皇家督署学校旧址沿江苏路北行去往基督教堂，马路右侧的石阶路为基督教堂西侧出入口。基督教堂北侧的江苏路西侧，为 1899—1904 年建造的督署医院旧址。督署医院现存有门房、病员楼等其他两座具有特色的德式建筑。东北侧为胶澳总督官邸旧址。

E18

基督教堂

地址：江苏路 15 号
曾用途：教堂
现用途：青岛基督教堂
建造时间：1908—1910 年
建造者：柏林信义会
建筑师：罗克格

基督教堂

　　为了在青岛建造一所新的基督教堂，1906 年 10 月后，柏林福音传教会（信义会）监理会经总督府同意选出了一个设计评审会，于 1907 年 1 月在东亚征集教堂设计图样，第一名、第二名、第三名设计的奖金分别为 1 500、1 000 和 500 元。在东亚的 11 名德国建筑师参加了比赛。最终，罗克格的设计方案被选为第一名，但教堂南立面和塔楼则是采用了获第三名的李希德和哈赫梅斯特共同的设计方案。建筑工作计划于 1907 年底开始。1908 年

复活节，新堂教堂举行了隆重的奠基仪式。

基督教堂于1910年10月23日竣工，资金由德国新教委员会（DEKA）提供，地皮由德国胶澳总督府免费捐赠。这是一座专供欧洲人使用的教堂，会员们为教堂捐赠的一块大理石洗礼石、银制洗礼器皿和三口教堂钟，早已于1905—1906年运抵青岛。教堂落成后，对教徒和游客开放，成为青岛的标志性建筑和景观。

青岛基督教堂为砖石混合结构，钢木屋架，建筑面积约为

上、下图——基督教堂大堂

上图——基督教堂大钟

下图——机械时钟钟表机芯

基督教堂建造纪念碑

1 167 平方米。约 36 米的中世纪塞堡式绿色穹顶塔楼高耸在建筑的西侧，塔楼上方为钟楼，悬挂三口铜钟，下部安装一座只在钟楼的南、北、西三面上安装有钟表盘的时钟。塔楼下部转角上高大的花岗石圆锥形扶壁，起到了平衡建筑整体和稳定塔楼的作用。为纪念教堂的落成，在塔楼入口内南侧墙面上设有一块石碑。砖石砌筑的外墙下部采用蘑菇石做法，上部采用水泥砂浆抹面并饰以波浪纹面饰，檐部以条石勾勒檐口，屋架为三角形钢木结构。该建筑主体高约 17 米。礼拜堂入口位于南侧，面积为 429 平方米。礼拜堂顶棚为拱形钢丝网水泥壳体吊顶。室内以白色为基调，既有宗教空间的圣洁，又富于简洁明快的现代感。这座外观雄壮、内堂宽敞的教堂建筑为德国青年风格派风格，是德占青岛时期建筑精品。1999 年 5 月 1 日，经修复后对外开放。现为山东省省级重点文物保护单位。

由基督教堂南侧出入口沿路便可到达信号山公园位于龙江路的南出入口，由此可登上信号山山顶。

信号山海拔 98 米，南临青岛湾，是市区海拔最高的临海山峰。因其位置极佳，德租青岛后，德军曾于 1898 年在西南侧山腰处建有棣德利碑。1899 年后在山顶建造了信号台，1908 年前后增设无线电台。1905—1907 年，在东南山腰处建成了胶澳总督官邸旧址，即今天的德国总督楼旧址博物馆。1898 年之后，信号山曾有都沛禄山、棣德利山、信号山、神尾山等名称。

1983—1987 年，信号山辟建为信号山公园。1989 年，在山顶原信号台旧址处建造了三个高度不等的红色球状观景楼，寓意为古代传递信号的红色火炬。

今天，从信号山山顶极目远眺，蓝天与大海、红瓦和绿树交相辉映，前海风光尽收眼底，青岛美景一览无遗。

信号山远眺

上图——信号山上远眺东部海岸
下图——信号山上俯瞰青岛湾

E19

胶澳总督官邸旧址

地址：龙山路 26 号
曾用途：总督官邸（德）、日本青岛守备军司令官官邸、
胶澳商埠督办官邸、市长官舍、国际俱乐部、青岛迎宾馆
现用途：德国总督楼旧址博物馆
建造时间：1904—1907 年
建造者：德国胶澳总督府
建筑师：魏尔纳·拉查洛维茨、弗里德里希·比博尔

胶澳总督官邸旧址

上图——胶澳总督官邸旧址石雕装饰
中图——胶澳总督官邸旧址大厅一角
下图——胶澳总督官邸旧址内部走廊

1898 年 9 月 2 日开发规划图公布之后，德国胶澳总督府开始了各项建设工程。其中，总督的居住用房也列入了公务住房建筑范畴。但限于当时的条件，只能采取临时应急措施。

　　据《胶澳发展备忘录》记载，1898 年 10 月至 1899 年 10 月间，"为总督由德国运来青岛一个居住用房，这是一个可拆解的木板房。1899 年第一个总督官邸完工前，清军遗留的总兵衙门（老衙门）不仅一直做总督官邸，而且是整个政府的工作地点"。总督府最初的将总督官邸设在拟建的总督府办公楼的设想，也出于"施工现场从地面考虑，一方面没有足够大的地方，另外也似乎不便于将办公室、会议室和居室都结合在一起"的考虑，在 1901 年 10 月至 1902 年 10 月间被放弃。同时，"计划在信号山的东南坡上建筑总督寓所，这一工程必须尽早实施，因为总督迄今一直还住在一幢所谓的瑞典木屋中"。

　　据《胶澳发展备忘录》记载，1904 年 10 月至 1905 年 10 月，已开始在信号山南麓为总督建造官邸，并已打好地基。1905 年 10 月至 1906 年 10 月，总督官邸可以开始建造屋顶。1906 年 10 月至 1907 年 10 月，新建总督住房可按规定交付使用。

　　原德国胶澳总督官邸为钢木砖石混合结构，高 30 余米，建筑面积 4 083 平方米，主体二层，局部四层。外立面由粗犷的花岗石毛石叠砌，折坡式屋顶穿插起伏，错落有致。西南角建有塔楼。主入口位于西侧，其上部由花岗石雕成放射状的山墙、锚链与檐口的诺曼龙头装饰给人以船形感，雕刻橡树叶纹样装饰的南立面中部券柱柱廊，连接起东西实体部分。楼内是一间双层大厅，

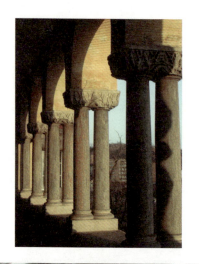

大厅二楼北墙上方设有一处外挑式带有可开启小窗的内廊，打开窗可以看到一楼大厅。大厅东侧设暖房，其顶部为钢架玻璃顶。二楼是总督及家眷的住房，三楼为客房和仆人的住房。各房间内的原装灯具、壁炉式样各不相同。1907年主楼建成的同时，在其北侧还建有一座单层马厩。该建筑是德国威廉时期建筑式样与青年风格派结合的精品，是德国驻胶澳总督的住宅，都沛禄和麦维德两任总督都曾在此居住。

1914年11月，日本占领青岛后，改为日本青岛守备司令官官邸。1922年12月，中国收复青岛主权后，将其改为胶澳商埠督办官邸。1930年，南京国民政府接管青岛后，官邸一度被称为市长官舍。1934年改为招待贵客之用的迎宾馆。1938年1月，日本再次侵占青岛，将迎宾馆改为国际俱乐部。日本战败后，恢复为迎宾馆。现为德国总督楼旧址博物馆。

1957年夏，毛泽东主席来青时曾在此下榻。1996年，其被列为全国重点文物保护单位；1999年，其被设为近代建筑遗址类博物馆对外开放。

上图——胶澳总督官邸旧址石雕廊柱
下图——胶澳总督官邸旧址花房

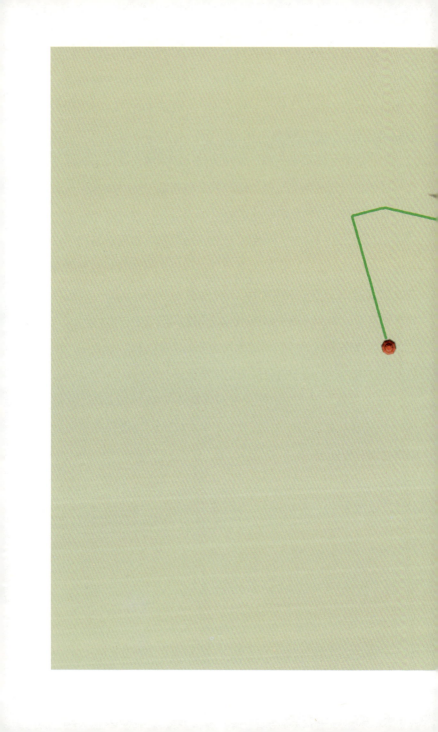

青岛老建筑之旅路线图：F

距离约 750 米，沿线主要建筑：
F01 海因里希亲王饭店旅馆部旧址
F02 德华银行青岛分行旧址
F03 山东铁路公司旧址
F04 山东矿业公司旧址
F05 坂井贞一宅第旧址
F06 天后宫

从栈桥沿太平路东行，位于安徽路（阿尔伯特街、大村町）与青岛路（威廉姆斯大街、不入斗通）中间的太平路（威廉大街、舞鹤町）31号为建于1912年的海因里希亲王饭店旅馆部旧址。青岛路与太平路路口东转角的建筑为德华银行青岛分行旧址。其东侧，太平路与江苏路（俾斯麦大街、万年通）路口西南转角处，为山东矿业公司旧址。

F01

海因里希亲王饭店旅馆部旧址

地址： 太平路 31 号
曾用途： 青岛大饭店中馆、栈桥宾馆
现用途： 酒店
建造时间： 1912 年
建造者： 哈利洋行

海因里希亲王饭店旅馆部旧址

海因里希亲王饭店旅馆部旧址南立面装饰山花

　　1910 年，几乎垄断了青岛旅店业的哈利洋行买下了海因里希亲王饭店。此时的青岛，已经成为远东著名的旅游度假城市。因饭店原有规模已无法满足需求，哈利洋行决定对其进行扩建。1912 年 6 月落成后的客房部处于 1899 年开业的海因里希亲王饭店（不存）的西侧，并与其相通。1914 年之后，成为日本人经营的青岛大饭店中馆。

　　海因里希亲王饭店旅馆部旧址地上三层，地下一层，建筑面积约为 2 989 平方米。立面为石基粉墙外廊式，坡屋面。南侧开设大门，顶部起曲线状带有花草纹雕饰的山墙。建筑师严格按照青年风格派的风格设计了这座建筑，除了山墙上的植物花纹雕饰以及窗台、勒角的花岗石，建筑鲜有以往的繁复装饰。简洁实用的风格在夏日常给人清凉明快的感觉。三层的旅馆部共设 24 套带有独立卫生间的客房，可以极大地满足旅馆的需求。

F02

德华银行青岛分行旧址

地址： 广西路 14 号
曾用途： 德华银行青岛分行旧址、
守备军水道部、日本驻青岛总领事馆
现用途： 住宅
建造时间： 1901 年
建筑师： 锡乐巴

德华银行青岛分行旧址

德华银行成立于1889年2月12日，由当时德国最有实力的13家大银行共同出资在柏林设立。德华银行青岛分行在德租初期临时设立于今常州路7—9号的要塞工程局院内，直至1901年德华银行青岛分行大楼建成。1907年，德华银行在青岛发行了钞票。1914年，大楼被日军占有后，曾一度为守备军水道部驻地。1922年12月之后，为日本驻青岛总领事馆驻地。

德华银行青岛分行旧址为砖石钢木混合体结构，平面为矩形，建筑面积为562平方米，高约15米。楼高三层，层高约4.5米。一层为半地下室。上设大坡度的孟莎式屋顶，西面和南面设两层高券柱式外廊。

大楼的支柱、券拱、墙基、屋檐装饰线及顶部的细方石皆用花岗石砌筑。主入口位于南侧，次入口位于西侧，两面的入口呈不对称状。主入口中央是一间带巨大天窗的大厅。华纳认为，锡乐巴在设计德华银行青岛分行大楼的时候，或许是从某座意大利的宫殿上获得了关于建筑的比例和立面细部的灵感，新文艺复兴式的风格在设计成可供交通的明廊的南立面和西立面上体现得尤其明显。主建筑北侧的两座小楼是德华银行青岛分行旧址的附属建筑。

德华银行青岛分行旧址现为青岛市文物保护单位。

上图——德华银行青岛分行旧址主入口
下图——德华银行青岛分行旧址檐部石雕装饰

F03

山东铁路公司旧址

地址：广西路 14 号
曾用途：山东铁路公司办公楼
现用途：住宅
建造时间：约 1899 年

山东铁路公司旧址

山东铁路公司旧址主入口

　　山东铁路公司旧址，约建于1899年，石基青砖灰瓦二层楼房，立面为两层券式外廊，于中式歇山屋顶和灰瓦的屋面上另起老虎窗。内部房间门套为欧式风格，木门格心却装饰有中国传统花鸟纹样图案浮雕，使得建筑具有了"德国殖民地外廊式建筑"和"中式建筑"风格。

　　之所以会出现这种风格混搭的建筑形式，可能是建筑师本人或房主纯粹喜爱中式建筑，也可能是因为当时缺少本土的专业建筑师和建筑材料所致。从这种混搭形式大多出现在德租青岛早期的建筑之上这一现象上看，后者的可能性较大。

F04

山东矿业公司旧址

地址：广西路 14 号
曾用途：山东矿业公司
现用途：住宅
建造时间：1902 年

山东矿业公司旧址

山东矿业公司旧址东立面

山东矿业公司于1899年10月10日建立并设在青岛。这是一家有1 200万马克资本的殖民地公司，其主要目的是帮助德国最大限度地攫取山东内地丰富的矿产资源。公司拥有山东铁路两侧各15公里区域的煤田。在离潍县（今潍坊市潍城区、奎文区、寒亭区）不远的坊子经营有煤矿。1900年，德政府又投资1 600万马克成立了德华矿产贸易公司，该公司随后获得了自潍县至沂州府（今临沂、日照）约30 000平方千米内的采矿权。1913年，山东矿业公司被并入山东铁路公司。

山东矿业公司与山东铁路公司和德华银行青岛分行毗邻，占地面积594平方米，楼高三层，砖石木结构，红瓦高坡顶屋面，局部起老虎窗。建筑立面一半为清水墙一半为花岗石砌。东立面上突起一座花岗石挑楼；面海的南立面山墙上原镶嵌有矿业行业标志——"两把交叉的铁锤"石雕，现已不存。西南转角山墙在1913年进行了扩大改建，建筑立面上使用了花岗石及石砌券式窗洞。该建筑现为青岛市文物保护单位。

江苏路路口东侧，为 1929 年建造的日式建筑坂井贞一宅第旧址，其东侧的中式建筑群便是天后宫。

F05

坂井贞一宅第旧址

地址：太平路 23 号
曾用途：住宅
现用途：住宅
建造时间：1929 年
建造者：坂井贞一
建筑师：三井幸次郎

坂井贞一宅第旧址

两层面海的坂井贞一宅第旧址，由日本建筑师三井幸次郎设计。建筑为砖木结构，地上两层，地下一层。墙体为花岗岩砌基，红砖清水墙面。建筑立面中轴对称，两侧起山墙，设两面坡阁楼，施以半木构架装饰，下设阳台。券式入口设于建筑两侧。

F06

天后宫

地址：太平路 19 号
曾用途：天后宫
现用途：青岛市民俗博物馆
建造时间：1467 年

天后宫门楼

上图——天后宫二进院山门（原天后宫正门）

下图——修庙碑与天后宫正殿

天后宫位于太平路 19 号，坐北朝南，是明清时期当地渔航业及商贾等供祀"天后圣母"、祈祷平安的场所。天后宫是青岛市区现存的唯一一座始建于明代的砖木结构建筑，现为青岛市民俗博物馆。

天后，俗称妈祖，姓林，名默，生于宋太祖建隆元年（960年）农历三月二十三日，祖籍福建莆田。据说林默自幼聪慧贤良，乐于助人，有预知气象、驱邪治病和泅水渡海的本领，常在惊涛骇浪中救助遇难船舶，极受远近人们的敬重和爱戴，被尊为"龙女""神姑"。她为专一行善，矢志不嫁，28 岁重阳节那天登湄洲峰顶再未返回。人们传说她羽化成仙，就在此地立祠祭祀，称其为"通灵神女"。早在宋元时代，"天后娘娘"便随福建商人落籍海南。林默在宋末被封为"夫人"，明代被封为"天妃"，并随着海运的发展逐渐北传，到了清代又晋封为"天后"，民间也称之为"海神娘娘"，闽南、台湾称为"妈祖"。青岛天后宫初建时称"天妃宫"。20 世纪 20 年代，其主持道人曾与崂山太清宫同属一派。

据《太清宫志》记载，青岛天后宫创始于明成化三年（1467年）。有胡家庄胡善士捐施地建天后圣母庙三间（面阔）、龙王、财神两配殿，及东西住室、门楼。明崇祯年间（1628—1644年），又募捐修建了戏楼、钟楼。清同治四年（1865年）、同治十三年（1874年）又进行了修扩建。天后宫内现存的同治四年募建戏楼碑和同治十三年修庙碑碑记，详细记述了这两次增修建的情况。尤为重要的是同治四年募建戏楼碑上的："窃闻青岛开创以来，百有余年矣，迄今旅客商人云集而至……"碑文，它是记有青岛开埠的珍贵史料。

上图——天后宫正殿

下图——天后宫督财府

自天后宫建成，尤其是同治四年（1865 年）大戏楼重建以后，天后宫逐渐成为青岛口居民的一处文娱场所。当时附近一带的商家每年的农历正月初一、十五以及三月十五都要在天后宫上香叩拜。此时庙中香火最盛，并设台唱戏，吸引了周边大量的村民。

1891 年青岛建置后，随着清军驻防部队的进驻，天后宫及东侧的青岛村一带更加繁荣。1897 年德国占领青岛后，因天后宫位于德国人划定的欧洲人居住区界里的中心位置，便欲将天后宫拆除，在当地士绅的力阻下才得以保存。

20 年代 30 年代中后期，天后宫曾进行扩建。从 1939 年建筑工程师潘荆三绘制的施工图上看，同治四年（1865 年）建造的戏楼在拆除之列。图中，置于天后宫中轴线上的庙门大戏楼、两侧钟鼓楼和太平门、大门外的一对吊斗旗杆、前院中东西两廊的土地祠和仙师祠、西院中殡仪室、孝眷休息室以及食堂等建筑也均有呈现。

1940 年扩建工程竣工后，曾刻碑纪念，但该石碑大约在 20 世纪 60 年代被移作他用。2010 年 10 月，局部遭到损坏的残碑重回天后宫。

1982 年，青岛市政府将天后宫列为首批市级文物保护单位。1996 年，青岛市人大十一届四次会议通过一号议案，决定尽快修复并合理利用天后宫。修复工作自 1997 年 2 月 26 日动工，主体工程于当年年底竣工。

今青岛天后宫占地面积近 4 000 平方米，殿宇共计 16 栋 80 余间。其重檐歇山顶门楼大戏楼，为 1940 年建造。上悬的书有"天后宫"和"慈云普被"四字的匾额分别为台湾台中大甲镇澜宫董事会董事长颜清标、副董事长郑铭坤于 2004 年敬献和 1940

上图——天后宫龙王殿

下左——同治四年募建戏楼碑

下右——同治十三年的修庙碑

年商会大盐商丁敬臣所置。除此楼为琉璃瓦盖顶外，其他建筑物均采用青砖、青瓦、栋梁彩绘苏式彩画，东西两侧为钟鼓楼。一进庭院，左右两侧为厢房，西厢前设药王殿，东厢前设送子娘娘殿，戏楼面对二进院落山门，山门上悬"神明默佑"匾额；二进院迎面为天后殿，东西配殿为龙王殿和督财府，两侧设厢房及耳房。

供奉天后的正殿，单檐硬山，上悬香客捐赠的清雍正四年（1726年）御笔"神昭海表"和1997年由孟庆泰所书"慈云常护"匾额。殿内供奉的天后坐像，为整根香樟木雕塑，通高2.8米，为1998年从其祖籍分灵安坐天后殿，两侧塑有护将千里眼和顺风耳。

龙王殿供奉"东海沧宁德王敖广"。"四海龙王"之说始于唐代，它们居住在海洋，职司雨旱丰歉。据《月令广记》载："八月十八日，四海龙王神会之日。"

督财府供奉财神。文财神比干，商纣王的叔父。因劝谏纣王的荒淫暴虐，被挖去心肝。后人因其纯正、率直无私，奉其为文财神。武财神关羽，三国蜀汉大将，被迫降曹后，不为金钱、高官所动，只身投奔刘备，被视为"千古忠义第一人"。死后被神化，尊崇为武财神。

今山门及天后殿局部墙体、立柱、柱础等仍为明代建筑遗存构件，可见明代建筑风格。立于山门之后的是清同治四年（1865年）与同治十三（1874年）年树立的修庙碑。两株高大的银杏树，传为清雍正十一年（1733年）所植，雄高雌低，东西排列，枝繁叶茂，每至秋季果实累累。

天后宫现已成为一处集天后文化、海洋文化和民俗文化于一体的人文景观。

青岛老建筑之旅路线图：G01—G08

路线 G 距离约 3.2 千米，分为 G01—G08、G09—G12 两段。

G01—G08 沿线主要建筑为：

G01 青岛监狱（欧人监狱）旧址

G02 青岛清真寺旧址

G03 要塞建筑管理处（工程局）旧址

G04 毕娄哈住宅旧址

G05 青岛市人民会堂

G06 万字会旧址

G07 老舍故居

G08 青岛日本中学校旧址

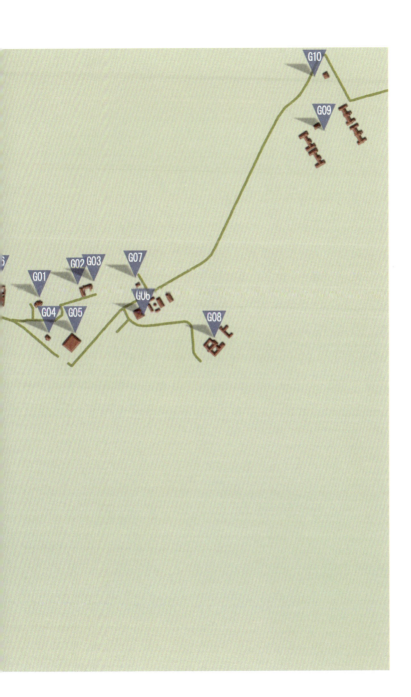

常州路一带曾是"青岛村下庄"里一条曲折的、不规则的村中街巷。德租青岛后，于1901—1902年，将村庄民房予以拆除，对街道进行了修整和取直，形成了今常州路的雏形。

今常州路25号，青岛监狱（欧人监狱）旧址，位于原青岛村下庄中的"市场街"中部，建造于村庄大面积拆除之前的1900年。监狱旧址东侧，山墙上带有"P. S. 1898"石刻的常州路9号，为20世纪二三十年代设立于此的青岛清真寺旧址。常州路7号，是建于1898—1899年的要塞建筑管理处（工程局）旧址。这两座建筑与中后部的一层平房，是目前已知的青岛现存最早的德式建筑。

1898年，德国人在青岛建造的第一座德式建筑——弗格特住宅，位于"要塞工程局"后部的今龙口路（阿里拉街）、广西路（海因里希亲王大街）、龙江路路口处。后因该建筑恰巧位于1899年10月德国胶澳总督府修改后的规划道路上，于1907—1908年被拆除。

G01

青岛监狱
（欧人监狱）旧址

地址：常州路 25 号
原址：青岛口
曾用途：监狱等
现用途：德国监狱旧址博物馆
建造时间：1900 年
建造者：德国胶澳总督府

青岛监狱（欧人监狱）旧址西立面

上图——青岛监狱（欧人监狱）旧址螺旋楼梯
下图——青岛监狱（欧人监狱）旧址西南立面
右图——青岛监狱（欧人监狱）旧址北立面

　　在 1900 年 11 月 1 日交付使用的青岛监狱（欧人监狱），最初功能是用于关押被判徒刑或违法受到拘役的欧洲籍人犯。旧址占地面积 6 309 平方米，砖木结构，局部清水墙，转角镶嵌花岗石。这座入口位于东西两侧、附带阁楼和地下室的建筑，内部为错层结构。南侧为三层监房，北侧为二层办公室，并设有地下监房，立面上的窗户顶部用花岗岩条石起窗眉。西侧的圆形塔楼最引人注目，上部为锥形屋顶，原有一个"雄鸡"形风向标。环绕圆塔的墙面上有沿楼梯走势排布的叠错小条窗。沿 47 级螺旋台阶可到达顶部，台阶下部为花岗石台阶，上部为木制。建筑主体顶部是有着鲜明南欧建筑风格的悬挑很大的斜屋面。

　　1914 年日本占领青岛后，青岛监狱改称青岛守备军司令部囚禁场。中国收回青岛主权后，改为胶澳（青岛）地方检察厅看守所，后又改为青岛地方法院看守所。新中国成立后，曾经作为青岛市公安局第一看守所使用。

　　青岛监狱（欧人监狱）旧址现为全国重点文物保护单位，2007 年，设为德国监狱旧址博物馆。

G02

青岛清真寺旧址

地址：常州路 9 号
原址：青岛口
曾用途：不详
建造时间：1898 年
建造者：德国胶澳总督府

青岛清真寺旧址

今常州路7—9号原址位于青岛口，这处老建筑和其地块上的历史较为久远，也缺乏更为翔实的文献记载。从1899年10月至1909年起，历年《胶澳发展备忘录》附带的青岛全景照片和其他德租青岛时期老照片、老明信片中搜寻和发现的细节来看，常州路7—9号的历史脉络还是有迹可循的，其轮廓也在逐渐清晰。

德租胶澳初期，这一地块上原有几座中式建筑，其正前方是被德国人称为"号令广场"的原清军左营操场，南侧与左营营墙一路之隔。从一张建造中的要塞工程局老照片上看，此时，这一地块上的一栋平房（今青岛清真寺旧址）及紧邻的一层建筑业已建成。这座窄长的、檐高为2.0米的平房，东接要塞工程局，西与今青岛清真寺旧址西墙齐平，其建筑平面为一个倒"T"字形。凸出于立面的门廊式主入口设于建筑北侧中部（现存）。该建筑的奇特之处在于其双层结构的墙体和内部的梯形吊顶，以及中式、德式建筑及室内装饰元素的混搭。1907—1908年，德国人将该平房入口西侧房屋悉数拆除，新建了后来的"青岛清真寺礼拜堂"二层建筑。

青岛清真寺旧址由三座不同时期的建筑合围而成。其中，一座为当代的钢混两层楼房建筑，其余两座一前一后紧密相连呈"L"形的砖石木结构老建筑虽为百年前所建，但其年龄也不相同。

青岛清真寺旧址前楼为一层建筑，坡屋面，上覆红瓦，白色外墙，主入口设于临街山墙之下，走廊尽处联通后楼，并有楼梯通往二层。前立面山墙上至今仍保留有一块刻有"P. S. 1898"的缩写和建造年代石刻。1902年，比例尺为1：20 000的地图显示，

上图——位于同安路 579 号，于 2007 年投入使用的青岛新清真寺远眺

下图——青岛清真寺旧址山墙上的石雕建造年代标识牌

这幢看上去明显带有应急痕迹的建筑为哈利洋行于1898年在青岛建造的商业用房。

青岛清真寺旧址后楼楼高二层，半四坡屋面，上覆红瓦，二层开长条窗，屋檐出挑，建筑转角、檐口施以红砖装饰。通向二层的入口置于前楼内部，花岗石悬挑式楼梯踏板和铁艺扶手显露出浓郁的德式建筑特征。该建筑为1907—1908年增建。

1929年，青岛回教协会筹资购买这组建筑，改建为清真寺。主立面三角形山墙改为具有清真寺建筑风格的曲线山墙。2007年，清真寺迁入位于同安路579号的新址。

G03

要塞建筑管理处
（工程局）旧址

地址：常州路 7 号
原址：青岛口
曾用途：要塞建筑管理处（工程局）
现用途：住宅
建造时间：约 1898—1899 年
建造者：德国胶澳总督府

要塞建筑管理处（工程局）旧址

要塞建筑管理处（工程局）旧址东立面

  关于今常州路7号要塞建筑管理处（工程局）旧址老建筑的历史可谓乏善可陈。早先，仅在1901年至1914年的多份青岛地图上可以看到，位于原清军"左营"后部的标注为"Fortifikation（要塞工程局）"的地块上这是一组"U"形建筑。清晰、完整的影像则出现在《胶澳发展备忘录（1899年10月至1900年10月）》中的全景照片上。最近又有研究者从一份1899年这一区域的规划图上看到，此地块中有德华贸易公司、先遣营营地和德华银行三个机构共同驻在其中。拟新建的两条道路汇聚于此，整个地块自北向南被分割成了三份，有接近三分之二将拆除建路。同时，一张远景中带有建造中的要塞工程局的老照片也提供了一些信息。再结合现存于清真寺旧址山墙上"P. S. 1898"缩写组合和建筑建造年代的石刻，不难看出，这一组建筑应于1898—1899年建成。

上图——青岛清真寺旧址与要塞建筑管理处（工程局）旧址俯瞰
下图——要塞建筑管理处（工程局）旧址内的木质圆雕栏柱

要塞建筑管理处（工程局）旧址建筑屋面式样偏中式，建成时用瓦全部是中式灰瓦，檐部出檐较大。其外形与1900年建成的青岛监狱的建筑风格如出一辙，应为同一人设计。建筑师很可能是1898年2月首位来到青岛的德国专业建筑师马克斯·科诺普夫。

尽管这组建筑是由德国人所建，但使用了较多的中式建筑元素。屋面上带有中式歇山顶和"瑞典木屋"（德租早期一种临时性的木构组装建筑）的影子。内部楼梯扶手上设有狮形木雕和祥云龙纹。大量带有中国传统福字、寿字纹浮雕的花岗岩石角柱，被安设于门眺、围墙转角以及院内地面和各入口的门槛和台阶等基础上。如同山东铁路公司旧址、海因里希亲王饭店旅馆部旧址、德国海军第三营营长官邸旧址以及青岛火车站的中式屋顶、中式砖瓦和中式木雕装饰的应用一样，这一在德租早期较为普遍的现象，可能是因为当时的德军缺少来自德国本土专业的建筑师和建筑材料，德国人处于应急的需要，就地取材和部分采用了中国工匠的设计。

常州路7—9号，这一组建筑是青岛现存的最早的德式建筑。留在建筑上的中式传统元素和德式符号，使其具有较高的历史价值和艺术价值。

沿太平路继续东行，位于太平路13号的建筑为建于1933年的毕娄哈住宅旧址。

毕娄哈住宅旧址东侧，坐落于太平路与大学路交会口的高大建筑，为1960年在清军总兵衙门原址上建造的青岛市人民会堂。太平路与大学路路口上的太平路6号，今青岛水务集团排水公司太平路泵站站房建筑，为约建于1905年的B号污水泵站。泵站东北，在被枝繁叶茂的法国梧桐遮蔽下的大学路与龙口路路口红墙内的建筑，为万字会旧址。

大学路是青岛最早的道路。这条路在德租青岛之前就已经存在了，它经过"杨家村"（今台东西部）走向内陆，是当时青岛通往即墨和胶州的官道。道路起点位于总兵衙门前，因地处青岛村东侧，故称为东关街。德租青岛后，东关街这一名称被沿用了下来。清军的一条军用电报线路（青岛最早的有线电报），也东出总兵衙门（老衙门），沿着这条道路通联即墨和胶州。

G04

毕娄哈住宅旧址

地址：太平路 13 号
原址：青岛口
曾用途：私人住宅
现用途：市文化局办公楼
建造时间：1933 年
建筑师：毕娄哈

毕娄哈住宅旧址

毕娄哈住宅旧址配楼北立面

　　毕娄哈住宅旧址为德侨毕娄哈设计的私人住宅，毕娄哈本人曾在此居住。毕娄哈早年接受过建筑职业训练，1926 年再次来到青岛，除参与圣弥厄尔教堂的建设和台西镇教堂的改建外，还负责了圣心修道院第三层的增建。

　　据记载，毕娄哈住宅旧址竣工于 1933 年 11 月 2 日，由天太兴合记施工。这座临街可以观海的建筑，为现代摩登式风格。平面为前后错位式。楼高三层，地下一层。前凸的东侧设有三扇均匀排列的窗户，顶层窗上方设遮檐。主入口位于东侧，整个建筑给人简洁轻松的现代感。

G05

青岛市人民会堂

地址：太平路 9 号
原址：清军总兵衙门、清军左营，东文书院、青岛二中分校
现用途：青岛市人民会堂
建造时间：1959—1960 年

青岛市人民会堂及总兵衙门复原图

青岛市人民会堂由青岛市城建局设计室参照北京人民大会堂外形而设计，青岛市房产局负责施工建设，于 1959 年 5 月动工兴建，1960 年 5 月 30 日完工。会堂占地 1.8 万平方米，建筑面积 1.2 万平方米。建筑为钢混结构，地上三层，地下一层，主入口立有 8 根花岗岩廊柱，柱头及柱础均施以雕饰，廊内为 7 扇对开木制大门。会堂内可容纳 4 000 余人聚会、活动。

人民会堂曾是青岛规模最大、设备最好的会堂和演出场所，是青岛市政治、文化、经济的活动中心，现隶属于青岛交响乐团。2003 年，被青岛市政府评为优秀历史建筑。

会堂广场后部与会堂建筑前部区域，原址为 1892—1897 年驻青清军指挥部——总兵衙门（老衙门）所在地。会堂建筑中后部，原址为清军左营（衙门营）所在地。

总兵衙门紧邻左营而建，面向东南，两进院落，青砖青瓦。建有面阔五间、进深三间的大门一座，厅堂建筑两座，建有面阔三间、进深两间的厢房四座。于大门前设大照壁一面，其上绘有以示警示寓意的"贪"兽组图。清军的军用有线电报房设立于二进院东北厢房中。1897 年 11 月 14 日，占领青岛的德军登陆后，首先切断了电报线路，控制了总兵章高元与外界的通讯联系，阻止了消息的外传和援军的到来，再加以枪炮威逼，最终迫使驻青清军在孤立无援中妥协，让出了总兵衙门，撤出了青岛。

德租青岛后，直至1906年，位于今沂水路上的胶澳总督府大楼建成之前，总兵衙门、左营等周边建筑群一直是胶澳总督府、法院等主要行政和军事管理机构办公所在地。

20世纪三四十年代，东文书院、劳山中学、测量训练班等机构也曾设于此。1948年8月2日《青岛公报》载绍贤文："总兵衙门俗称老衙门，而今依然健在大门前百砖砌粉色大照壁高两丈余，大门两旁有配房，门内木屏风横遮内院，有大厅两幢，群廊奥室共四十余间，西院北院旷约三四亩，据云西院为当日仓库所在，今已无迹可寻，惟有冬青，银杏，杂树葱茏绿荫遮天，树多为后人所值者，惟傍南墙之老冬青，干枯欲倒，枝叶尤茂，似为四五十年前之古物，全部厅舍，老瓦生苔，高厦栖雀鸥檐鸥脊规模古奥门楣窗额嵌缀花板，雕刻精致，透剔玲珑丹彩虽凋而原工完好，楹柱石鼓亦巩固如新，后厅遮下有石匾一页，上镌'嵩武中营'四字，字迹端正，大可方尺，此盖当日营门之额，后人移此而保存者。七七事变，日寇占青岛，以老衙门办东文书院，作文化侵略之最高学府，抗战胜利后，按政府接受规定，仍归办学之用，于是劳山中学遂开办于此……"

G06

万字会旧址

地址：鱼山路 37 号
曾用途：多神教会所、青岛市博物馆、青岛市图书馆
现用途：青岛市美术馆
建造时间：1937 年建中国古典宫殿式建筑，1940 年建仿欧式建筑
建筑师：刘铨法、王瀚

万字会旧址

上图——万字会旧址中式山门

下图——万字会旧址中式礼亭及大殿

右图——万字会旧址全貌

　　由上覆琉璃瓦的红墙围绕的万字会旧址建筑群，由南部的仿欧式建筑和后部的中国宫殿式建筑组成，先后分二期建成。

　　先期开工建设的一组由山门、大殿、东西配殿和礼亭等部分组成的中国古典宫殿式建筑，由万字会募集50万银圆兴建。该会号称儒教、佛教、道教、基督教和伊斯兰教五教合一。建筑平面布局为轴线对称，大殿为重檐歇山式黄色琉璃瓦顶，11开间，面宽42米，进深20米，高17.6米，建筑面积1 545平方米，四周有立柱环绕，飞檐斗拱皆为钢筋混凝土仿制。东西配殿为单檐歇山式绿琉璃瓦顶。

　　大殿后部的藏经楼为仿欧洲古典复兴建筑式样，地上两层，建筑面积674平方米。该组建筑由青岛建筑师刘铨法设计，由公

上图——万字会旧址外墙
下左——万字会旧址科林斯柱式柱头
下右——万字会旧址内部大厅

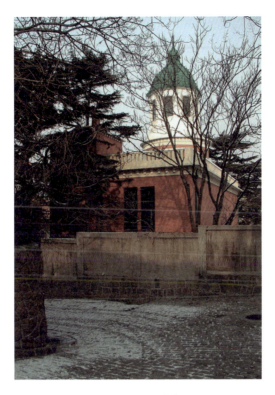

万字会旧址欧式塔楼

和兴营造厂于 1937 年建造完成。

1940 年，在先期建筑南端，又对万字会旧址进行了扩建。该建筑为仿欧式，地上三层，地下一层，建筑面积约为 1 889 平方米。内部各办公室环绕通高的中庭，中庭顶部设穹顶式玻璃天窗。南侧主立面门廊设有 4 根三层通高的科林斯式巨柱，顶部高起塔楼。该建筑属于折中主义建筑，由中国建筑师王瀚设计。

该建筑群于 2006 年被列为全国重点文物保护单位。

由万字会旧址西侧侧门外的大学路北行，马路东侧即为位于今中国海洋大学鱼山校区内的俾斯麦兵营旧址和闻一多故居。大学路、鱼山路一带不仅洋楼别墅众多，分布其间的还有老舍、梁实秋、沈从文、洪深等多位文化名人的故居。

G07

老舍故居

地址：黄县路 12 号
现用途：骆驼祥子博物馆
建造时间：约 1930 年

老舍故居

上图——老舍故居
下图——祥子雕像

老舍故居位于黄县路12号，建筑平面为"一"字形，坐北朝南，四面坡屋面，楼高二层，无地下室。

1934年9月至1936年夏，老舍先生来青任教于国立山东大学中文系，讲授文艺思想、高级作文、欧洲文学概论、欧洲通史等课程。1935年底至1937年8月13日，老舍在青岛生活、工作期间曾居于此。他利用业余时间和寒暑假从事文学写作，是一个勤奋的人。"得知识和用知识，乃人生一大快事"是他的名言。从1936年暑假起，他义无反顾地辞去了教务，决心当一名职业作家。在这座居室里创作了著名的长篇小说《骆驼祥子》和其他40多部作品，其中包括中篇小说《找这一辈子》、散文《想北平》等代表作。

老舍青岛故居有多处，分别位于登州路（原莱芜一路）、金口三路（原金口二路）、黄县路12号（原黄县路6号）。其中，保存最为完好的是黄县路12号的故居。老舍一家曾居住于一楼东端，老舍的书房就设在其东侧的房间里，住在二楼的是作家黄宗江、黄宗洛、黄宗英三兄妹。

1985年，老舍故居被公布为青岛市重点文物保护单位。2005年，青岛市政府决定修复老舍故居。2010年5月24日，其成为国内首个以一部文学作品为主题的博物馆——骆驼祥子博物馆。

G08

青岛日本中学校旧址

地址：鱼山路 5 号
原址：清军炮队营
曾用途：青岛日本中学校、青岛日本工业学校
现用途：中国海洋大学鱼山校区
建造时间：1921 年
建筑师：三上贞

青岛日本中学校旧址

青岛日本中学校旧址主入口

青岛日本中学校旧址辅楼塔楼远眺

现中国海洋大学鱼山校区主楼原址最早为清军炮队营。1916年，日本当局将此地规划为青岛日本中学校校址。1919—1920年原址上被德国人拆毁围墙后仅存的原清军炮队营营门被毁，并于1921年7月，共用22.8万元，建成有住宿之中学。该校之大，足以容纳学生450人。

青岛日本中学校旧址平面略呈"山"字形，主体为两层，建筑高度11米。中部主入口上部，起曲线形山墙和攒尖（已毁）尖顶高度为36米。层高四层的塔楼，入口门廊施以水泥黄色波纹面饰。二层窗户为券式，立面门窗为花岗岩石镶砌。建筑的结构形式为砖木、钢筋混凝土混合体系。

青岛老建筑之旅路线图：G09—G12

沿线主要建筑：
G09 俾斯麦兵营旧址
G10 闻一多故居
G11 青岛山炮台旧址
G12 德国啤酒厂旧址

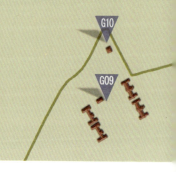

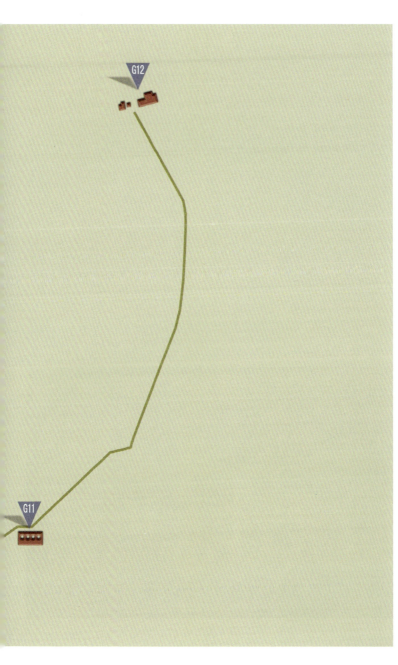

G09

俾斯麦兵营旧址

地址：鱼山路 5 号
原址：清军嵩武中营
曾用途：俾斯麦兵营、万年兵营、私立青岛大学、国立青岛大学、山东大学
现用途：中国海洋大学鱼山校区
建造时间：1901—1903 年建 1、2 号营房，1904 年建 3 号营房，1909 年建 4 号营房
建造者：德国胶澳总督府

俾斯麦兵营 1 号营房旧址

俾斯麦兵营 3 号、4 号营房旧址

青岛山在德租时期名为俾斯麦山，山脚下设有俾斯麦兵营，位于今中国海洋大学鱼山校区。俾斯麦兵营是在原驻青清军嵩武中营原址上建造的，建有 4 座大型营房以及礼堂、军需品储藏室、军官楼、操场等建筑。

俾斯麦兵营旧址，自 1901 年开始建设，至 1909 年全部完工。日本占领青岛后，俾斯麦兵营改名为"万年兵营"。1924 年，私立青岛大学在此成立。1930 年，在原私立青岛大学和省立山东大学的基础上，国立青岛大学成立，并于 1932 年改为"国立山东大学"。1951 年，在济南的华东大学奉命迁往青岛，与国立山东大学合并，定名为"山东大学"。1958 年 10 月，山东大学主体迁往济南。1959 年 3 月，以留在青岛的海洋系、水产系、地质系、生物系的海洋生物专业、物理系和化学系的部分教研组，以及数学、外语等直属教研组部分人员等为基础，成立山东海洋学院。1988 年，更名为"青岛海洋大学"；2002 年，更名为"中

左图——石雕装饰山墙

右图——俾斯麦兵营辅楼旧址

国海洋大学"。

俾斯麦兵营旧址位于环山的坳台上。四座营房分前后两排，平面分别呈"H"形，与附属建筑围成一练兵场。主楼楼高三层，地下一层，为砖木钢混合结构。先期完工的两座营房，正面高起的带有鹰徽花岗石浮雕的阶梯式山墙及新哥特式的装饰为当时德国兵营建筑的通例，后来建造的另外两座营房则放弃了这一奢靡的外形结构。营房建筑为花岗石砌基、黄墙、拱券窗套，南面设游廊，入口处设壁柱，红瓦屋顶。

总之，这是一组富有哥特式高直风格的建筑。其在设计艺术、施工和使用方面都显示着较高的水平，是德国建筑在青岛的典型作品之一。

该建筑群现为青岛市市级文物保护单位。

G10

闻一多故居

地址：鱼山路 5 号
曾用途：俾斯麦兵营军官公寓
建造时间：1907 年前
建造者：德国胶澳总督府

闻一多故居

上图——闻一多故居主入口
下图——闻一多故居东北立面

闻一多故居位于鱼山路5号今中国海洋大学鱼山校区校园西北角，紧邻红岛路，建于1907年前，原为德军俾斯麦兵营军官公寓。该建筑为四面坡屋面，砖石结构，地上两层，有地下室和阁楼，占地面积214平方米，建筑面积607平方米。1930年8月至1932年夏，闻一多先生应聘来青岛担任青岛大学文学院院长、中文系主任之职期间曾居住于此楼，故此楼又称"一多楼"。

　　1984年，山东海洋学院将此楼辟为"闻一多旧居展室"。楼前立有闻一多塑像，并镌有其学生臧克家的撰文。该建筑现为青岛市重点文物保护单位。

俾斯麦兵营旧址的背后为青岛山，山顶上有现为山东省、青岛市爱国主义教育基地和国防教育基地的青岛山炮台遗址公园。德军修建的海防前线俾斯麦山炮台迄今保存完好。青岛山炮台遗址公园的正门位于青岛山东麓的京山路上的炮台遗址展览馆处，也可以从闻一多故居旁的红岛路由南门上山。

G11

青岛山炮台旧址

地址：青岛山
曾用途：海防前线俾斯麦山炮台
现用途：青岛山炮台遗址公园
建造时间：1905 年
建造者：德国胶澳总督府
设计师：缪勒

青岛山炮台旧址

上图——青岛山炮台地面与地下原设计示意图

中图——士兵住室

下图——炮座室

上图——装甲哨所通道
下图——弹药库

青岛山，又名京山，海拔约128米，南北走向。1898年后，占领青岛的德军以德国铁血首相俾斯麦之名将其命名为"俾斯麦山"。1904年，军事工程师缪勒完成了俾斯麦山炮台、炮位和第二指挥台的设计，竣工日期预定为1905年夏天。1906年6月18日，安装在此的4门280毫米口径榴弹炮进行了试射。约1907年前，完成了俾斯麦山炮台周围的工事以及北部陆防前线第Ⅻ号炮台（今青岛山北炮台）的建造。

德租时期，德军在青岛建造的炮台分为海防前线炮台和陆防前线炮台两大类。海防前线炮台分别有游内山（今团岛）炮台、小泥洼炮台（今台西镇炮台）、汇泉（今汇泉角）炮台、青岛炮台（位于今金口路后山，亦称衙门山炮台）和俾斯麦山炮台（今青岛山南炮台）5座。指挥部设在青岛炮台面海一侧，拥有一套使用地下电缆中央远距离通话设备。按设计，海防前线炮台在战时也可以被转用于陆地方面。

今青岛山南炮台分为地上与地下两大部分。暴露在地面上的仅有两个混凝土浇筑的出入口和炮身凹嵌入地堡的4门280毫米口径L12型榴弹炮及"U"形混凝土炮座和前方掩体顶部带铸铁装甲的旋转式观察哨塔台。地下部分为大部分三层、局部五层的立体结构。该炮台是以开掘回填的方式建造的，隐蔽性极强。

炮台最上层的装甲哨所，由塔台和值更室两部分组成。连同框架重约160吨的装甲塔台（第一观察哨）壁厚200毫米，是在德国分段铸造后运抵青岛在现场装配的。可360度旋转的铸铁塔冠，直径1.4米，表面呈球状，整体浇铸，设有弧形瞭望孔，一

上图——装甲哨所外部
下图——装甲哨所内部

人便可轻易操纵。塔台长 3.98 米、宽 3.8 米，南侧和西侧立面上各设有两个向外凸出的弧形射击孔，可供四个士兵同时执勤。

炮台中层为作战区，4 个直径为 6.6 米的圆形炮座占据了主要位置，炮座之间为士兵住室，南侧为 8 个弹药库以及火炮备件库、储藏室、电报室等。一条宽 1.5 米、带有轨道的中央通道，将西南侧的主入口和内部的弹药库、炮位等主要房间相连接。

地堡内部还设有军官住室、蓄水池、泵房、锅炉房、发电机房、医务室、兵器室、卫生间、暖气系统、厨房餐厅等。所有作战指挥所需的设施应有尽有，这里已然成为一个完整的作战单元。

炮台还另设有第二指挥台。该工事位于青岛山的最高处，地下两层，由指挥塔台与值更室、"之"字形通道和一间小辅助房间组成。

陆防前线第 12 号炮台——青岛山北炮台，位于青岛山北部山脊西侧，由两个炮位、弹药库和设在东南侧的观察指挥所组成。配备有 2 门 210 毫米口径 L30 型加农炮。

1914 年 11 月 7 日，青岛的德军所有的弹药储备均已耗尽，德军又把剩余的火炮和防御工事炸毁，然后在观象山上挂起了白旗，日德青岛之战最终以德军的战败而告终。日占青岛后，清除了 4 座被炸毁的 280 毫米榴弹炮，将其圆形炮位以混凝土封顶，表面覆土填平，变为了 4 个圆形房间。

青岛山炮台是第一次世界大战亚洲战场遗址，其规模之宏大、结构之复杂、功能之齐全，当时堪称亚洲第一，为地下军事建筑经典之作，为国内仅存。1997 年 11 月 14 日，其被修复并对外开放。

上图——青岛山顶第二哨所旧址

下图——地堡原主入口

右图——青岛山北炮台旧址

今青岛山炮台遗址公园由炮台遗址（南炮台）及青岛山炮台遗址展览馆组成。现为国家 AAA 级旅游景点，山东省、青岛市的爱国主义教育基地，国防教育基地，市重点文物保护单位，"十佳"旅游景点，"十佳"文明山头公园。

从位于青岛山炮台遗址公园东麓的青岛山炮台遗址展览馆处下山，沿延安一路北行至尽头，即可看到德国啤酒厂旧址——今青岛啤酒厂、青岛啤酒博物馆。

右图——德国啤酒厂旧址办公楼

G12

德国啤酒厂旧址

地址：登州路 56 号
曾用途：日耳曼啤酒公司青岛股份公司、大日本麦酒株式会社青岛工场
现用途：青岛啤酒厂、青岛啤酒博物馆
建造时间：1903—1904 年

德租青岛后，英德商人为适应德军、侨民等欧洲人士的需要，开办日尔曼尼亚啤酒公司青岛股份公司。啤酒厂由德国克姆尼茨市机械厂设计，广包（西米特）公司施工建造。建筑群由A、B两座办公用房和酿造厂房组成。建筑为清水砖墙面，红瓦坡屋顶。建筑的设计偏重功能，厂房建筑上部起复曲线状山墙，门窗的顶部发券，办公楼山墙设有外露木质桁架结构，室内木制扶梯和门套上多雕饰。

德国克姆尼茨市机械厂除了设计德国青年派风格派厂房外，还提供了全套机械设备，如熬汁机、气压机、冷凝机、汽锅、水泵及管道等。四座水井即使在旱季也可向啤酒厂提供水源。酒瓶的清洗、装塞、缠绕金属丝及加贴商标这些工序全部为机械化。

1914年11月后，日据青岛，工厂更名为"大日本麦酒株式会社青岛工场"。1945年抗战胜利后，工厂更名为"青岛啤酒公司"。1947年，定名为"青岛啤酒厂"。这组红色建筑群是青岛市至今唯一一座保存完整的德国工业建筑。2003年，设为青岛啤酒博物馆。2006年，列为全国重点文物保护单位。

上图——德国啤酒厂旧址
下图——德国啤酒厂旧址办公楼立面装饰

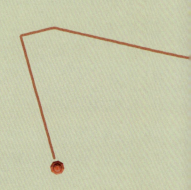

青岛老建筑之旅路线图：H

距离约 2.5 千米，沿线主要建筑：
H01 德国海军军官俱乐部旧址
H02 小青岛灯塔

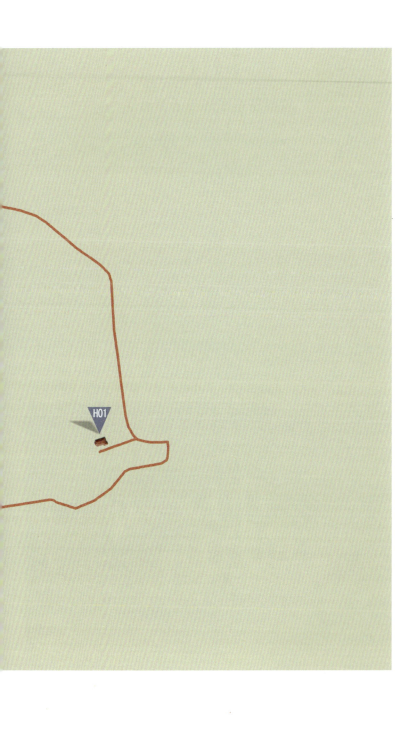

H01

德国海军军官俱乐部旧址

地址：莱阳路 8 号
曾用途：青岛商科大学筹建处、临时督办公署
现用途：办公楼
建造时间：1907—1909 年
建造者：德国胶澳总督府
建筑师：舒备德

德国海军军官俱乐部旧址

德国海军军官俱乐部旧址门厅

1907 年秋，被俗称为"军官食堂"的德国海军军官俱乐部动工兴建，于 1909 年 1 月 21 日交付使用。随着这座建筑的落成和位于崂山的麦克伦堡附近的士兵休养所的设立，德军在青岛的兵营建筑工程宣告结束。此后，直到 1914 年战争爆发，未再进行任何扩大兵营设施的工程。

德国海军军官俱乐部是专门为驻青岛的德国海军以及远东巡洋舰队的高级军官提供食宿和聚会的娱乐场所，由德国建筑师舒备德设计。日本第一次占领青岛后期，曾把筹备中的青岛商科大学设立于此，中国政府收回青岛后的临时督办公署也曾暂设于此。

俱乐部平面为不规则的矩形，主体建筑为三层，主立面位于东侧，建筑主体上部设计了三组规整竖直分割的窗户，三座拱形的门洞亦处理为虚空间。为了适应不同功能的需求，舒备德用几组建筑体巧妙地组合成了整个俱乐部。这种手法虽然打破了德国建筑严谨的对称平衡，却丰富了两侧立面的立体感，使之更为美观和富有情趣。

H02

小青岛灯塔

地址：小青岛公园
曾用途：航标灯塔
现用途：青岛航标处航标灯塔
建造时间：1903—1904 年
建造者：德国胶澳总督府

小青岛灯塔

小青岛位于栈桥东南，小巧玲珑，距最近的东侧海岸 370 余米，面积约 0.024 平方千米，海拔 17 米。小青岛小得可爱，从岸上望去，海天之间，小岛郁郁葱葱、白塔亭亭玉立，与栈桥、回澜阁一起成为青岛湾中两颗光彩夺目的璀璨明珠和青岛的标志与象征。现为市级文物保护单位。

1891 年 6 月 14 日，清廷议决在胶澳设防，驻军遂于 1892 年进驻位于小青岛北岸的青岛村。

1897 年 11 月 14 日，德国强占胶澳后，以"青岛村"的名称将拟建城区命名为"青岛（Tsingtau）"将小青岛称其为"阿克纳岛"。1898 年 1 月 26 日，由于德国人的一个印刷错误，青岛被称为"Tsintan（青坦）"；从 1898 年 3 月 30 日始，被称为"Tsintau（琴岛）"；自 1900 年 6 月，才被称为"Tsingtau（青岛）"。

德国人于 1903 年 10 月份前，开始在小青岛上修建一座间歇式红色灯光导航灯塔，以取代之前临时使用的红色灯光灯塔。灯塔于 1904 年建成并派员值守。1907 年 10 月至 1908 年 10 月间，又撤掉原来的间歇红光标志，换上了 2 个绿色信号灯。

在小青岛上建立的这座白色的航标灯塔，塔身下部为八角形，上部为圆柱形，顶部设灯笼，花岗石砌筑。塔身高 8.55 米，灯至尖顶高约 3 米，总高约 11.6 米。塔身分上下两层，内设 30 级石制螺旋楼梯。带有花岗石镶嵌门套和顶部发券的入口位于北侧。塔卜建有一间石砌瓦面 20 平方米的值守小屋。

小青岛

根据世界灯塔协会当年的记载，阿克纳岛航标灯塔顶部装有一盏乙炔气灯，每3秒钟闪光一次，天气晴朗时，可以在15海里外看到，在1914年的日德青岛之战中，被德国人自行破坏。日据青岛后，将小青岛改称为"加藤岛"，但当地居民仍习称为"小青岛"。1921年12月，日本人将灯塔的照明设备更新为先进的五级亮度屈光射线灯，每五秒闪红光一次，同样在天气晴朗时，可以在15海里外看到。1940年日本第二次占领青岛期间，修筑了一条堤坝，使小青岛与东侧陆岸相连，这条可以通行车辆的堤坝也使得小青岛从此失去"海岛"的特质。

　　1933年12月出版的《青岛指南》中记有对小青岛的描述："青岛为南海沿前一小岛，因其山岩耸秀，林木长青，故有'青岛'之号。后人遂以此以名全市焉。岛上建有灯塔一座，为德管时代所创设。每当月映波心，塔影倒垂，宛如昔日西子湖头。雷峰夕照，景致之佳，可想而见。某君诗云：'神仙宛在水中洲，一点孤峰翠黛浮。欲采蘋花寄相忆。风波日暮使人愁。'陈述斋先生亦有一截云：'领略青山不在多，水中一岛小于螺。云鬟别有飘潇态，似向风前浴晚波。'其引人怀慕如此。"

上、中图——小青岛
下图——灯塔内部花岗石螺旋楼梯

青岛老建筑之旅路线图：I01—I07

路线 I 距离约 5.8 千米，分为 I01—I07、I08—I12 两段。
I01—I07 沿线主要建筑：
I01 海滨公园旧址牌楼
I02 青岛水族馆
I03 青岛海滨生物研究所旧址
I04 副税务司住宅旧址
I05 税务司住宅旧址
I06 胶澳总督副官住宅旧址
I07 海滨旅馆旧址

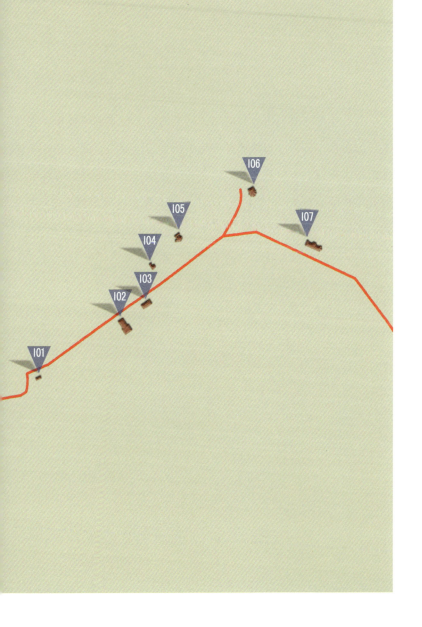

出小青岛公园东侧的琴屿路，沿莱阳路（维多利亚海岸、旅顺町）东行，马路右侧的牌楼为海滨公园旧址牌楼，莱阳路4号为青岛水族馆，莱阳路2号为青岛海滨生物研究所旧址。海滨生物研究所旧址对面，为副税务司住宅旧址。莱阳路背后的小山（因位于总兵衙门前，亦有文称"衙门山"）上，曾设有一座青岛炮台。山下金口路一带以日据和民国时期的别墅建筑居多。

101

海滨公园旧址牌楼

地址：莱阳路
曾用途：海滨公园
现用途：鲁迅公园
建造时间：1931年原建，20世纪40年代改建

海滨公园旧址牌楼北立面

海滨公园旧址牌楼侧立面

378

20 世纪 30 年代初，这一遍布红色礁石的海岸被辟为"海滨公园"，海滨公园牌楼也因此而建造。从 1931 年，青岛市工务局绘制的"海滨公园正门布置图"和"海滨公园牌楼构造图"上看，这处采用中国传统建筑形式的牌楼，飞檐斗拱，三开间，底宽 9.16 米，门高 3.5 米。宽 2.3 米、高 0.6 米的匾额，正面上的"海滨公园"出时任青岛市市长胡若愚题写，背面"蓬壶胜览"由书法家郑世芬书写。人行道进深为 13.5 米。

　　这座漂亮的牌楼初建时为木结构，20 世纪 40 年代改为花岗石细柱，顶面为绿琉璃瓦。1950 年，海滨公园改为鲁迅公园，匾额上的"鲁迅公园"四字由郭沫若题写。

　　海滨公园另有"若愚公园""曙滨公园"之称。

I02

青岛水族馆

地址：莱阳路 4 号
曾用途：水族馆
现用途：青岛水族馆
建造时间：1931—1932 年

青岛水族馆远眺

青岛水族馆

青岛水族馆是 1930 年由中国科学社蔡元培等人筹建的国内第一处海洋生物博览场所。水族馆平面为"T"形,这座带有圆窗的红色花岗石砌筑外墙、雉堞式的女儿墙,以及上部施以青绿紫色琉璃瓦、重檐歇山屋顶的城楼式楼宇,宛如一段立于海岸的中国古代城墙。

青岛水族馆建筑东西长 31 米,南北宽 15.6 米,高三层,砖石木结构。主入口面对东侧的大海。水族馆由青岛观象台海洋科设计,青岛鸿记义合工场营造,于 1931 年 1 月动工建设,1932 年 5 月开馆。

2006 年,青岛水族馆被列为山东省重点文物保护单位。

I03

青岛海滨生物研究所旧址

地址：莱阳路 2 号
曾用途：青岛海滨生物研究所、山东产业馆
现用途：青岛海产博物馆
建造时间：1936 年

青岛海滨生物研究所旧址

青岛海滨生物研究所旧址俯瞰

青岛海滨生物研究所旧址建于1936年，平面方整，居中设门，穿堂而过可达后室。砂浆粉刷墙面，窗间设木壁线脚，歇山琉璃瓦屋顶。正脊两端的鸱吻、垂脊上的垂兽以及飞檐的走兽等尽显中国古代宫殿建筑风格。

建筑原为青岛海滨生物研究所办公楼而建。1938年日本第二次占领青岛后，将这里变成了专事收集山东及华北地区经济情报的山东产业馆。1940年，增建展室，展出各种矿石、宝石、经济作物、工业产品、酒类等的标本。1945年抗战胜利后，更名为"市立博物馆山东产业部"。现为青岛海产博物馆，是青岛市文物保护单位。

104

副税务司住宅旧址

地址：鱼山路 2 号
曾用途：胶海关副税务司宅
现用途：青岛海洋科技馆办公楼
建造时间：1900 年
建造者：胶海关

副税务司住宅旧址

副税务司住宅旧址位于税务司阿理文住所的对面，为胶海关时任副税务司艾瑞时所建。这座住宅立面造型也选用了较为严谨的风格，与欧洲同时期的办公建筑相似。艾瑞时在1901年离任，1907年曾担任福州邮政总局邮政司之职。

该楼建筑面积约为1 022平方米，楼高二层，地下一层，砖石结构，花岗石砌基，红瓦坡形屋面。主入口位于东侧。一层西南转角处设角窗，下部辅以粗花岗石扶壁。室内采用木板地，木质旋转楼梯。大门及各房间门、楼梯扶手都进行了简单的雕饰。

副税务司住宅旧址东侧的鱼山路 1 号为税务司住宅旧址。东侧福山支路 5 号为 1900 年建的胶澳总督副官住宅旧址。

I05

税务司住宅旧址

地址：鱼山路 1 号
曾用途：住宅
现用途：住宅
建造时间：1899 年
建造者：阿理文

税务司住宅旧址

建造纪念碑

　　胶海关税务司阿理文于德租青岛早期，选择了海滨浴场西侧的最佳地段建造住宅。它濒临原奥古斯特·维多利亚海湾（今青岛第一海水浴场所在的汇泉湾）。墙体基石上镶嵌一块建造纪念碑，上书："光绪贰拾伍年阳月造，陟彼高岗，至於南海。筑室于兹，宜其遐福。胶海关税务司阿理文志。"

　　该建筑是阿理文自己设计的。建筑占地面积 13 300 平方米，建筑面积 394 平方米，楼高二层，底层为半地下室，砖石结构。临街的大门处原设置一间在当时青岛绝无仅有的中式屋顶的门房。整栋建筑为简洁的对称式布局，既没有德国文艺复兴式复古风格的非对称挑楼，也没有小巧的塔楼。屋顶略做倾斜处理，坡屋顶上立老虎窗。南立面面向大海的方向设计有一个带 4 根圆立柱的半圆形大阳台。立面一层墙角镶嵌花岗石，上置带圆立柱的发券窗。主入口位于建筑的西侧，花岗岩条石镶嵌，上设方形阳台。室内木板地、木角线、楼梯木扶手等木构处多有雕饰，房间高度约 4 米。

106

胶澳总督副官住宅旧址

地址：福山支路 5 号
曾用途：总督副官住宅、康有为住宅
现用途：康有为故居纪念馆
建造时间：1900 年
建造者：德国胶澳总督府

胶澳总督副官住宅旧址

胶澳总督副官住宅旧址为带有中国传统风格的别墅式建筑，位于原奥古斯特·维多利亚海湾、现青岛第一海水浴场西侧的山坡上，位于原总督早期临时官邸的东侧。首位入住者是德国海军上尉利利恩可龙男爵，他在1899—1902年曾担任总督副官一职。

住宅背山面海，砖木结构，楼高三层，面积约为1 118平方米。主入口处设券门和凸出的三进式露天台阶。上部屋面设山墙式阁楼。屋顶近似中式歇山顶式样，上覆灰色的中式瓦。一层南面则是在青岛早期建筑中普遍采用的木构外廊，其主要作用是在此观赏海景。

1923年6月，从海外回国的康有为买下了这幢当时仍为政府财产的建筑，取名"天游园"，并于1927年3月31日病逝于此。现为康有为故居纪念馆，并于2006年被列为山东省文物保护单位。

海水浴场后部,今南海路23号的建筑是德国人为奥古斯特·维多利亚湾海水浴场建造的配套设施——海滨旅馆旧址。

　　这座建筑所处位置极佳,面临青岛第一海水浴场,背靠汇泉广场、八关山、太平山。这一区域在德租时期修建有跑马场、别墅和植物试验场。

107

海滨旅馆旧址

地址：南海路 23 号
曾用途：海滨旅馆、汇泉酒家
现用途：青岛城市建设集团股份有限公司办公楼
建造时间：1903—1904 年

海滨旅馆旧址

海滨旅馆的设计基本采用了中世纪古老的砖木结构，而没有使用在青岛被广泛运用的花岗石。建筑师在装饰时，娴熟地将传统木架结构运用其中，并使其与建筑清水墙相搭配，给人以极为赏心悦目的舒适感。

海滨旅馆面临青岛最大的海滨浴场，平面为"一"字形，砖木结构，楼高三层。一层为餐饮，上层为客房，面向大海的南面设有可以观海景的外廊。建筑中部和两端突出，取对称形式，中部屋顶隆起，上冠方底尖塔。主入口居中，门顶上的大柱廊和大门厅内通往上层的钢制楼梯颇具特色。旅馆前是一个用于停放车辆的小型广场，北面是一个设有看台的大型跑马场。

贝麦在《青岛及其周边旅游指南》中有如下描述："沙滩饭店（今一浴场的红房子饭店），位于维多利亚海湾（今汇泉湾），有31个房间，1903—1904年建成，有宽大的阳台、大花园、2个网球场、4个浴场小屋。1905年（每天）约有500名泳客。在游泳季节，第三海军营的约40人的小乐队每周举行三次海滨音乐会。冬季住房价每月30银圆。""这座三层的饭店有31个双人房间，一座大厅，浴室，交谊室，阅览室和餐厅，一座舞厅，并且可从其宽大的露台观看海上美景和海边的熙熙攘攘的生活。"

　　由海滨旅馆旧址向东，便进入了八大关区域。八大关是由山海关路、居庸关路、临淮关路、正阳关路、函谷关路、嘉峪关路、武胜关路、紫荆关路、宁武关路、韶关路10条以中国古关隘命名的街道以及荣成路、黄海路、太平角路等街道组成的街区。八大关成形于20世纪三四十年代，区域内的建筑均为各具特色的各式别墅式洋房建筑，今多为疗养院。居庸关路上的公主楼（萨德别墅）旧址、黄海路上的花石楼、山海关路上的约翰·高尔斯登别墅旧址、太平角一路上的英国领事官邸旧址等都是八大关内具有代表性的建筑。

八大关全景

青岛老建筑之旅路线图：I08—I12

沿线主要建筑：

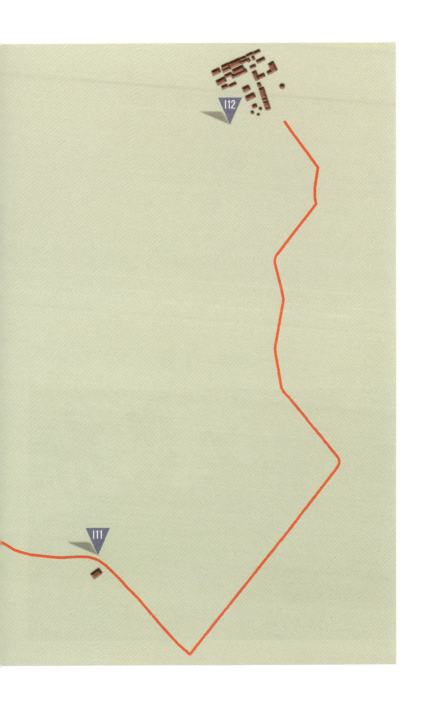

108

公主楼（萨德别墅）旧址

地址：居庸关路 10 号
曾用途：住宅、疗养院
现用途：博物馆
建造时间：1941 年
施工：振丰营造厂
建筑师：尤力甫

公主楼（萨德别墅）旧址

公主楼（萨德别墅）旧址主入口

　　位于居庸关路 10 号、被俗称为"公主楼"的这座由俄国建筑师尤力甫设计的具有北欧风格的别墅建于 1941 年，业主为经营草辫漂白厂的德商萨德。该建筑自 1940 年 8 月 13 日的建造申请至 1941 年 9 月 3 日完工，都由萨德的代理人孙天目经办。该建筑为砖木结构，建筑面积约为 607 平方米，地上三层，地下一层，东南侧耸起一处高达 15 米的尖坡屋顶。建筑平面为自由式布局，墙面着绿色，与周边绿化环境极为和谐。

109

约翰·高尔斯登别墅旧址

地址：山海关路 1 号
曾用途：住宅
建造时间：1933 年
建造者：约翰·高尔斯登

约翰·高尔斯登别墅旧址北立面

约翰·高尔斯登别墅旧址

约翰·高尔斯登别墅是八大关区域里的一栋经典建筑，位于山海关路东端的高地上，砖石混合结构，地上二层，墙基为花岗石勒脚，南立面为柱式结构，建筑风格为文艺复兴晚期样式，为英商约翰·高尔斯登于1933年建造。

I10

花石楼

地址：黄海路 18 号
曾用途：别墅
现用途：博物馆
建造时间：1931 年
施工：青岛东亚建筑工程行
建筑师：刘耀宸

花石楼

上图——花石楼内螺旋扶梯
下图——花石楼内壁炉

花石楼远眺

花石楼是一座欧洲城堡式的别墅，地理位置极其优越，为1931年俄国商人涞比池建造的私人度假别墅。该建筑占地面积2 295平方米，建筑面积约为777平方米，砖石木结构。建筑平面呈不规则状，主楼为地上四层，地下一层，高约17米。

花石楼主入口立面朝向西南方向，花岗石砌筑墙面，窗套为券拱式蘑菇石，主体西北角和东南角上高起一圆一尖两处塔楼，建筑内部共有11个主次房间、3个辅助卫生设施房。因楼体多以滑石装饰，故称"花石楼"。

该建筑工程始于1930年11月，完成于1931年10月。由刘耀宸设计，建筑师王云飞负责施工，青岛东亚建筑工程行建造，建造费用8 000元。花石楼是八大关里一栋极具代表性的建筑，现为青岛市文物保护单位。

111

英国领事官邸旧址

地址：太平角一路 3 号
曾用途：英国领事官邸
建造时间：1931 年

英国领事官邸旧址

英国领事官邸旧址北立面

英国领事官邸旧址位于太平角一路3号，是一座英国乡村别墅式建筑，建于1931年。建筑为砖木结构的二层楼房，建筑面积约为378平方米，原业主为英侨克兰慕斯。1946年后一度转入英国驻青岛领事署名下，作为领事官邸使用。建筑通体以外露半木构架作为装饰，柱梁间的墙体以砖填充，一层为清水墙，二层为粉白墙。高耸的屋面上施以红色牛舌瓦，砖砌的烟囱高出屋面。该建筑极富田园特色。

从英国领事官邸旧址沿黄海路，经太平角一路沿海岸东行，经过青岛第三海水浴场、东海路、香港中路，沿东海一路北行，道路顶端的芝泉路12号，便是绿树遮蔽的湛山寺。

112

湛山寺

地址：芝泉路12号
建造时间：1934—1945年（分五期建成）
建筑师：卢树森、赵深

湛山寺山门

上图——天王殿

下图——大雄宝殿

药师塔

　　湛山寺，又称"湛山讲寺"，位于太平山东麓。建筑群为中国古典庙宇轴线式布局，坐北朝南，南面面向黄海。乃全国重点寺庙、北方名刹，是我国佛教天台宗最年轻的道场。湛山寺建筑群为砖木结构，由中国建筑师卢树森、赵深设计，北平恒信营造厂施工。属中国近代建规模较大的佛寺，建筑风格属明、清传统风格，现为山东省优秀历史建筑、青岛市文物保护单位。

湛山寺的筹建，由原北洋政府交通部总长叶恭绰于1931年夏天发起。1932年，中国佛教天台宗倓虚法师来青岛，主持创建湛山寺。1934年4月动工，于当年冬天完成第一期工程，建成了后殿（西方三圣殿）、僧房和围墙。三圣殿为面阔五间，歇山式建筑，上覆黄琉璃瓦，三圣殿上的"海印遗风"匾额由中国佛教协会会长赵朴初先生题写。东西配殿各面阔三间，亦为歇山式建筑。三圣殿供奉阿弥陀佛，左右分别为观世音和大势至二菩萨。

第二期工程主要为大雄宝殿，于1937年动工，到1939年全部完工。天王殿为单檐歇山顶。大殿内供奉释迦牟尼，左右分别为文殊、普贤菩萨。

第三期工程是药师塔和藏经楼。药师塔位于寺院东南侧的山丘之上，全名为"药师琉璃光如来宝塔"，七级重檐，高约28米。花岗岩塔基，塔身八面，由青砖砌筑。第四期工程主要为天王殿。第五期工程为山门和前后殿台阶，于1944—1945年建成。

20世纪六七十年代，湛山寺遭到破坏，佛像全部被毁，后为青岛照相机厂使用。1986年，宗教政策得以落实，政府拨款重修寺院、新塑佛像。1988年后，增建了钟楼、鼓楼、藏经楼、卧佛楼、般若堂、大斋堂、佛学院教学楼等建筑。2004年，山东湛山佛学院设立于此。

参考资料

《1898 年 9 月 2 日青岛城市规划图》

《1900—1901 年青岛地图》

《1903—1904 年青岛地图》

《1904 年俾斯麦山炮台设计图》

《1909 年手绘青岛全图》

《1910 年青岛地图》

《1914 年青岛地价图》

《1915 年 2 月 23 日青岛地图》

《1916 年青岛规划图》

《1930 年 9 月栈桥南段改筑钢筋混合土设计图》

《1935 年天后宫增筑大门楼及太平门平房风墙等图》

《1939 年天后宫增筑戏楼图》

《1940 年大学路官产（老衙门）修改房舍工程图》

《1947 年青岛地图》

《1947 年 5 月 5 日廻澜阁栈桥修理施工图》

《1985 年栈桥大修工程透空部分立面结构图、透空部分平面结构图》

《1997 年 7 月青岛海图》

《1999 年青岛地图》

《2012 年栈桥坐标平面图》

参考文献

阿泰尔特. 青岛城市与军事要塞建设研究（1897—1914）[M]. 青岛市档案馆, 编译. 青岛：青岛出版社, 2011.

邓庆坦. 图解中国近代建筑史 [M]. 武汉：华中科技大学出版社, 2009.

胡存约. 海云堂随记（摘录）[G]//《德国侵占胶州湾史料选编（1897—1898）》. 济南：山东人民出版社, 1987.

华纳. 近代青岛的城市规划与建设 [M]. 青岛市档案馆, 编译. 南京：东南大学出版社, 2011.

姜鸣. 龙旗飘扬的舰队——中国近代海军兴衰史 [M]. 北京：生活·读书·新知三联书店, 2002.

卡斯特. 青岛鸟瞰图（1898—1912）[M]. 青岛档案馆, 编译. 青岛：青岛出版社, 2017.

刘善章, 周荃. 中德关系史译文集 [M]. 青岛：青岛出版社, 1992.

马维立. 单威廉与青岛土地法 [M]. 金山, 译. 青岛：青岛出版社, 2010.

《青岛历史建筑（1891—1949）》编委会. 青岛历史建筑（1891—1949）[M]. 青岛：青岛出版社, 2006.

青岛市档案馆. 帝国主义与胶海关 [M]. 北京：中国档案出版社, 1986.

青岛市档案馆. 青岛开埠十七年——《胶澳发展备忘录》全译 [M]. 北京：中国档案出版社, 2007.

青岛市档案馆, 中国第一历史档案馆. 胶州湾事件档案史料汇编 [G].

青岛：青岛出版社，2011.

青岛市市南区史志编纂委员会.青岛市市南区志[M].北京：方志出版社，2017.

魏镜.青岛指南[M].青岛：平原书店，1933.

卫礼贤.德国孔夫子的中国日志：卫礼贤博士一战青岛亲历记[M].秦俊峰，译.福州：福建教育出版社，2012.

希姆森A.E.，希姆森H.S.，施塔克.阿尔弗莱德·希姆森回忆录[M].郭若璞，黄月明，姜茹苹，等，译.青岛：青岛出版社，2016.

辛茨，林德.青岛：德国殖民地历史之中国篇（1897—1914）[M].亨克尔，景岱灵，译.青岛：青岛出版社，2011.

中国人民政治协商会议青岛市四方区委员会 四方印象·红色[M].青岛：青岛出版社，2011.

后记

　　在青岛，得天独厚的山海风光与风格各异的建筑交相辉映、相得益彰。漫步在老城区繁茂的法桐树下，大海的气息、路旁的券窗、高大的廊柱、飘然的塔楼、华美的雕饰和教堂的钟声无时无刻不在诉说着青岛的淳朴、浪漫和诗意。

　　绮丽纷呈的建筑构成了这座城市生动的天际线。中西方文化在这里得以相互借鉴，与自然融合。无论是谁置身此间，都会不由自主地去领略和感叹这些建筑的风采，品读这些建筑的艺术。

　　成书过程中，夏树忱先生提供了亲自翻译的、尚未出版的两份珍贵资料——德国人迪特里希的《1897年11月14日占领青岛（胶澳地区）手记》和贝麦的《青岛及其周边旅游指南》。青岛理工大学教授徐飞鹏先生亦提供了指导。在此，向两位先生致以诚挚的谢意，并向提供了诸多珍贵史料和帮助的周兆利先生、孔繁生先生、张艳波女士、贺伟先生、王栋先生、谷青先生、周林先生、刘逸忱先生等诸位朋友表示由衷的感谢。

　　鉴于历史久远和资料稀缺，加之编者水平有限，不当和疏漏之处，敬请批评指正。

袁宾久

2019 年

图书在版编目（CIP）数据

青岛老建筑之旅 / 袁宾久著 . – 青岛 : 中国海洋
大学出版社 , 2019.1（2024.8重印）
ISBN 978–7–5670–2126–6

Ⅰ . ①青… Ⅱ . ①袁… Ⅲ . ①古建筑 – 介绍 – 青岛
Ⅳ . ① K928.71

中国版本图书馆 CIP 数据核字 (2019) 第 044520 号

出版发行	中国海洋大学出版社
社　　址	青岛市香港东路 23 号　　邮政编码　266071
本社网址	http://pub.ouc.edu.cn
电子信箱	wuxinxin0532@126.com
订购电话	0532–82032573（传真）
责任编辑	吴欣欣
电　　话	0532–85901092
装帧设计	具见之
印　　刷	青岛海蓝印刷有限责任公司
版　　次	2019 年 4 月第 1 版
印　　次	2024 年 8 月第 2 次印刷
成品尺寸	130mm × 195mm
印　　张	14
印　　数	3 001~5 001
字　　数	301 千
定　　价	98.00 元

如发现印装质量问题,请致电 0532-88785354,由印刷厂负责调换。

图 9

图 10

图 11

图 12

图 13

图 14

图 15

图 16

（图 9～图 16）今日青岛湾风貌